国家骨干高职院校项目建设成果

Jiaotong Qiye Wenhua
交通企业文化

刘庆元　主　编
吴小芳　主　审

人民交通出版社股份有限公司
China Communications Press Co.,Ltd.

内 容 提 要

本书根据交通职业学院学生层次现状，参照有关资料编写而成，根据交通企业对企业文化建设的需求，围绕交通企业文化建设相关理论和建设实际，阐述了交通企业的精神与愿景、交通企业的使命与核心价值观、交通企业文化的历史与探源、交通企业文化建设现状等。通过企业文化建设典型案例和交通企业文化建设案例的分析借鉴，学生可以为交通企业文化建设建言献策并指导实际，从而为交通企业文化建设做出贡献。本书的前五章配有思考与练习，附录部分为四项参阅文件，内容完整，可供高职高专院校交通专业学生学习使用。

图书在版编目(CIP)数据

交通企业文化/刘庆元主编. —北京：人民交通出版社股份有限公司，2015.1

国家骨干高职院校项目建设成果

ISBN 978-7-114-12316-0

Ⅰ.①交… Ⅱ.①刘… Ⅲ.①交通运输企业—企业文化—中国—高等职业教育—教材 Ⅳ.①F512.6

中国版本图书馆 CIP 数据核字(2015)第 130932 号

国家骨干高职院校项目建设成果

书　　名：交通企业文化
著 作 者：刘庆元
责任编辑：卢仲贤　司昌静
出版发行：人民交通出版社股份有限公司
地　　址：(100011)北京市朝阳区安定门外外馆斜街 3 号
网　　址：http://www.ccpress.com.cn
销售电话：(010)59757973
总 经 销：人民交通出版社股份有限公司发行部
经　　销：各地新华书店
印　　刷：北京市密东印刷有限公司
开　　本：787×1092　1/16
印　　张：7.75
字　　数：195 千
版　　次：2015 年 1 月　第 1 版
印　　次：2020 年 1 月　第 2 次印刷
书　　号：ISBN 978-7-114-12316-0
定　　价：35.00 元

(有印刷、装订质量问题的图书由本公司负责调换)

江西交通职业技术学院
优质核心课程系列教材编审委员会

主　任：朱隆亮
副主任：黄晓敏　刘　勇
委　员：王敏军　李俊彬　官海兵　刘　华　黄　浩
　　　　张智雄　甘红缨　吴小芳　陈晓明　牛星南
　　　　黄　侃　何世松　柳　伟　廖胜文　钟华生
　　　　易　群　张光磊　孙浩静　许　伟

道路桥梁工程技术专业编审组（按姓名音序排列）
蔡龙成　陈　松　陈晓明　邓　超　丁海萍　傅鹏斌
胡明霞　蒋明霞　李慧英　李　娟　李　央　梁安宁
刘春峰　刘　华　刘　涛　刘文灵　柳　伟　聂　堃
唐钱龙　王　彪　王立军　王　霞　吴继锋　吴　琼
席强伟　谢　艳　熊墨圣　徐　进　宣　滨　俞记生
张　先　张先兵　郑卫华　周　娟　朱学坤　邹花兰

汽车运用技术专业编审组
邓丽丽　付慧敏　官海兵　胡雄杰　黄晓敏　李彩丽
梁　婷　廖胜文　刘堂胜　刘星星　毛建峰　闵思鹏
欧阳娜　潘开广　孙丽娟　王海利　吴纪生　肖　雨
杨　晋　游小青　张光磊　郑　莉　周羽皓　邹小明

物流管理专业编审组
安礼奎　顾　静　黄　浩　闵秀红　潘　娟　孙浩静
唐振武　万义国　吴　科　熊　青　闫跃跃　杨　莉
曾素文　曾周玉　占　维　张康潜　张　黎　邹丽娟

交通安全与智能控制专业编审组
陈　英　丁荔芳　黄小花　李小伍　陆文逸　任剑岚
王小龙　武国祥　肖　苏　谢静思　熊慧芳　徐　杰
许　伟　叶津凌　张春雨　张　飞　张　铮　张智雄

学生素质教育编审组
甘红缨　郭瑞英　刘庆元　麻海东　孙　力　吴小芳
余　艳

序

PREFACE

为配合国家骨干高职院校建设，推进教育教学改革，重构教学内容，改进教学方法，在多年课程改革的基础上，江西交通职业技术学院组织相关专业教师和行业企业技术人员共同编写了"国家骨干高职院校重点建设专业人才培养方案和优质核心课程系列教材"。经过三年的试用与修改，本套丛书在人民交通出版社股份有限公司的支持下正式出版发行。在此，向本套丛书的编审人员、人民交通出版社股份有限公司及提供帮助的企业表示衷心感谢！

人才培养方案和教材是教师教学的重要资源和辅助工具，其优劣对教与学的质量有着重要的影响。好的人才培养方案和教材能够提纲挈领，举一反三，而差的则照搬照抄，不知所云。在当前阶段，人才培养方案和教材仍然是教师以育人为目标，服务学生不可或缺的载体和媒介。

基于上述认识，本套丛书以适应高职教育教学改革需要、体现高职教材"理论够用、突出能力"的特色为出发点和目标，努力从内容到形式上有所突破和创新。在人才培养方案设计时，依据企业岗位的需求，构建了以岗位需求为导向，融教学生产于一体的工学结合人才培养模式；在教学内容取舍上，坚持实用性和针对性相结合的原则，根据高职院校学生到工作岗位所需的职业技能进行选择。并且，从分析典型工作任务入手，由易到难设置学习情境，寓知识、能力、情感培养于学生的学习过程中，力求为教学组织与实施提供一种可以借鉴的模式。

本套丛书共涉及汽车运用技术、道路桥梁工程技术、物流管理和交通安全与智能控制等27个专业的人才培养方案，24门核心课程教材。希望本套丛书能具有学校特色和专业特色，适应行业企业需求、高职学生特点和经济社会发展要求。我们期待它能够成为交通运输行业高素质技术技能人才培养中有力的助推器。

用心用功用情唯求致用，耗时耗力耗资应有所值。如此，方为此套丛书的最大幸事！

江西省交通运输厅总工程师

2014 年 12 月

前言

江泽民总书记指出:"全面建设小康社会,必须大力发展社会主义文化……文化的力量,深深熔铸在民族的生命力、创造力和凝聚力之中。"胡锦涛总书记指出:"要坚持社会主义先进文化前进方向,兴起社会主义文化建设新高潮,激发全民族文化创造活力,提高国家文化软实力,使人民基本文化权益得到更好保障,使社会文化生活更加丰富多彩,使人民精神风貌更加昂扬向上。"习近平总书记在中共中央政治局第十二次集体学习时强调:"建设社会主义文化强国,着力提高国家文化软实力是关系中华民族伟大复兴中国梦的实现与否,是建设社会主义文化强国的基本保障和精神支撑。"三位总书记在不同时期关于社会主义文化建设的重要阐述,不仅深刻阐明了兴起社会主义文化建设的重大现实意义和深远历史意义,更为加强文化建设指明了方向和路径,我们必须时刻牢记和遵循。企业文化作为社会大文化的一个子系统,客观地存在于每个企业之中。优秀的企业文化,将极大地促进企业的发展,反之则将削弱企业的组织功能。世界500强胜出其他公司的根本原因,就在于这些公司善于给他们的企业文化注入活力。而交通文化是社会主义先进文化的重要组成部分,是交通运输行业的灵魂,是实现交通运输又好又快发展的重要精神支柱。交通运输部党组高度重视文化建设工作。2006年全国交通工作会议明确提出:"努力建设具有鲜明行业特点和时代特征的交通文化,用文化和精神的力量凝聚全行业,使交通行业更加充满活力,不断开创交通事业发展的新局面。"

对于主要为交通行业输送职业技能人才的交通类高职院校来说,应重视和引导学生对交通企业文化的认识,使学生获得交通企业文化建设的理念方法,培养学生具备交通企业文化建设的实际技能,将交通企业文化建设的教育落到实处,为交通企业文化建设做出应有贡献。

基于这样的想法,本着以素质教育为目标,坚持理论与实践相结合的原则,编写了这本教材。本书重点阐述了交通企业文化建设的理念,注意结合企业文化建设实例,尽量通俗易懂,使学生理解交通企业文化理论,并用于指导实践。本书具有知识性与趣味性相结合的特点,知识点丰富,实例多样,既有学术性特点,又具实用性要求。

本书由刘庆元主编,内容要点及编写分工为:第一章交通企业精神与愿景、第二章交通企业使命与核心价值观及附录一、三、四由刘庆元编写;第三章交通企业文化建设现状、第四章企业文化的历史探源、第五章交通企业文化理论概述由郭瑞英编写;第六章交通企业模范人物风范、第七章交通企业文化建设案例及附录二由余艳编写。吴小芳担任本书主审。

  本书编写时间仓促,多有参照专家学者著作及理论之处,书中不足,在所难免,恳请学者、专家提出宝贵意见。

作　者

2014 年 12 月

目录 CONTENTS

第一章	交通企业精神与愿景	1
第二章	交通企业使命与核心价值观	12
第三章	交通企业文化建设现状	24
第四章	企业文化的历史探源	34
第五章	交通企业文化理论概述	49
第六章	交通企业模范人物风范	59
第七章	交通企业文化建设案例	68
附录一	交通运输部：打造交通运输文化建设"十百千"工程	92
附录二	交通文化建设实施纲要	94
附录三	大力提升交通运输服务水平　加快建设人民群众满意交通	108
附录四	文化部部长：坚守文化责任　彰显文化力量	111
参考文献		114

第一章　交通企业精神与愿景

交通精神是民族精神和时代精神在交通实践中的生动体现,是对交通行业先进典型精神内核的高度概括,是交通行业广大从业人员共同创造的精神财富,是交通行业履行自身使命、实现共同愿景的强大动力,代表了交通行业广大从业人员的思想意志和精神风貌。交通精神的核心要素是"艰苦奋斗、勇于创新、不畏风险、默默奉献"。"愿景"是人们的一个期望并能够预见的和可以实现的未来景象。企业员工有了心目中的这个"景象",就有了工作和生活的目标,有了目标,就有了动力,就能够将共同的追求与现实的目标联系起来,达到"爱岗敬业"。对于交通企业员工来说,建设一个更安全、更通畅、更便捷、更经济、更可靠、更和谐的现代化公路水路交通运输系统,实现人便于行、货畅其流,让人们享受高品质的运输服务,让经济社会发展充满活力,让交通与自然、交通与社会更加和谐,是每个交通人的美好愿景。本章将围绕交通企业精神和愿景展开详细的阐释。

一、交通企业精神

(一)企业精神本质

企业精神是现代意识与企业个性相结合的一种群体意识。每个企业都有各具特色的企业精神,它往往以简洁而富有哲理的语言形式加以概括,通常通过厂歌、厂训、厂规、厂徽等形式形象地表达出来。

一般地说,企业精神是企业全体或多数员工彼此共鸣的内心态度、意志状况和思想境界。它可以激发企业员工的积极性,增强企业的活力。

企业精神作为企业内部员工群体心理定式的主导意识,是企业经营宗旨、价值准则、管理信条的集中体现,它构成企业文化的基石。

企业精神源于企业生产经营的实践之中。随着这种实践的发展,企业逐渐提炼出带有经典意义的指导企业运营的哲学思想,成为企业家倡导并以决策和组织实施等手段所强化的主导意识。企业精神集中反映了企业家的事业追求、主攻方向以及调动员工积极性的基本指导思想。企业家常常以各种形式在企业组织过程中使其得到全方位强有力的贯彻。于是,企业精神又常常成为调节系统功能的精神动力。

企业精神反映企业的特点,它与生产经营不可分割。企业精神不仅能动地反映与企业生产经营密切相关的本质特征,而且鲜明地显示企业的经营宗旨和发展方向。它能深刻地反映企业的个性特征和管理上的影响,起到促进企业发展的作用。

企业的发展需要全体员工具有强烈的向心力,将企业各方面的力量集中到企业的经营目标上去。企业精神恰好能发挥这方面的作用。人是生产力中最活跃的因素,也是企业经营管理中最难把握的因素。现代管理学特别强调人的因素和人本管理,其最终目标就是试图寻找一种先进的、具有代表性的共同理想,将全体员工团结在企业精神的旗帜下,最大限度地发挥人的主观能动性。企业精神渗透于企业生产经营活动的各个方面和各个环节,给人以理想、信念,给人以鼓励、荣誉,也给人以约束。

企业精神一旦形成群体心理定式,既可通过明确的意识支配行为,也可通过潜意识产生行为。其信念化的结果,会大大提高员工主动承担责任和修正个人行为的自觉性,从而主动地关注企业的前途,维护企业声誉,为企业贡献自己的全部力量。从企业运营过程中可以发现,企业精神具有以下基本特征:

（1）它是企业现实状况的客观反映。企业生产力状况是企业精神产生和存在的依据,企业的生产力水平及其由此带来的员工、企业家素质对企业精神的内容有着根本的影响。很难想象,在生产力低下的条件下,企业会产生表现高度发达的商品经济观念的企业精神。同样,也只有正确反映现实的企业精神,才能起到指导企业实践活动的作用。企业精神是企业现实状况、现存生产经营方式、员工生活方式的反映,这是它最根本的特征,离开了这一点,企业精神就不会具有生命力,也发挥不了它应有的作用。

（2）它是全体员工共同拥有、普遍掌握的理念。只有当一种精神成为企业内部的一种群体意识时,才可认作是企业精神。企业的绩效不仅取决于它自身有一种独特的、具有生命力的企业精神,还取决于这种企业精神在企业内部的普及程度,取决于是否具有群体性。

（3）它是稳定性和动态性的统一。企业精神一旦确立,就相对稳定,但这种稳定并不意味着它一成不变。它还是会随着企业的发展而不断发展的。企业员工中存在的现代生产意识、竞争意识、文明意识、道德意识以及企业理想、目标、思想都具有稳定性。但同时,现实又不允许企业以一个固定的标准为目标,竞争的激化、时空的变迁、技术的飞跃、观念的更新、企业的重组,都要求企业做出与之相适应的反应,这就反映出企业精神的稳定性和动态性的统一,使企业精神不断趋于完善。

（4）它具有独创性和创新性。每个企业的企业精神都应有自己的特色和创造精神,这样才能使企业的经营管理和生产活动具有针对性,让企业精神充分发挥它的统帅作用。企业财富的源泉蕴藏在企业员工的创新精神中,企业家的创新体现在他的战略决策上,中层管理人员的创新体现在他怎样调动下属的工作热情上,工人的创新体现在他对操作的改进和自我管理的自觉性上。任何企业的成功,无不是其创新精神的结果,因而从企业发展的未来看,独创和创新精神应当成为企业精神的重要内容。

（5）要求务实和求精精神。企业精神的确立,旨在为企业员工指出方向和目标。所谓务实,就是应当从实际出发,遵循客观规律,注意实际意义,切忌凭空设想和照搬照抄。求精精神就是要求企业经营上高标准、严要求,不断致力于企业产品质量、服务质量的提高。在强手如林的市场竞争中,质量和信誉是关系事业成败的关键因素。一个企业要想得到长期稳定的发展,永远保持旺盛的生命力,就必须发扬求精精神。

（6）具有时代性。企业精神是时代精神的体现,是企业个性和时代精神相结合的具体化。优秀的企业精神应当能够使人从中把握时代的脉搏,感受到时代赋予企业的勃勃生机。在发展市场经济的今天,企业精神应当渗透着现代企业经营管理理念,确立消费者第一的观念、市场竞争的观念以及经济效益的观念等。充分体现时代精神应成为每个企业培育自身企业精神的重要内容。

(二)交通企业精神要素

通过对一些样本企业的企业精神研究表明,样本企业对精神结构的要素选择有一定的差别,但在"创新、求实、团结、争先"四个要素的选择频次上比较集中;在典型的与意志品质相关的三个要素中"奋进"、"拼搏"和"自强"的选择频次和"奉献"、"敬业"的选择频次较高。样本企业提出或期望的企业精神要素"创新、求实、团结"等反映交通企业精神的三个要素,基本上反映了我国社会普遍的共同价值,紧扣时代精神。

"争先"是交通企业精神的典型特征,与"奋进""拼搏""自强"三个因素组成了交通企业特有的、比较稳定的意志品质,与"一流"和"国际化"等企业"愿景"保持一致。

"奉献"和"敬业"两个体现内心态度的精神特征,虽然选择的频次并不是太高,但也与中国企业普遍奉行的价值观保持一致,是交通企业人思想境界和职业道德的典型表现,贴近现实的工作环境。

交通企业精神的各种结构要素,有着丰厚的文化传承,如"不畏风险的'航海'精神"、"为人民服务到白头的'小扁担'精神"、"爱岗敬业,默默奉献的'铺路石'精神"等。同时,也反映了"与时俱进"的时代特质,如"追求卓越""超越自我""挑战极限""崇尚科学""凝心聚力"等。因而,这些典型的精神要素容易引起共鸣和广泛认同。

在对企业精神的表述方式上,样本企业多是采用多精神要素的组合方式而不是表述企业价值方式归纳起来的,大致有"表达斗志为主、追求目标为主、舒展情怀为主、表达理想为主、实现超越为主"等五种表述方式。

1. 以表达斗志为主的表述

例如,连云港的"前赴后继,为建设东方大港奋斗不息",字里行间体现的是一种生生不息的奋斗精神。实现"东方大港"的宏愿,需要几代人的不懈努力,奋斗不息。再如,中国国际海运集装箱(集团)股份有限公司(以下简称"中集集团")的"自强不息,挑战极限"的企业精神,也是一种典型的以表达斗志为主的精神表述方式。中集集团作为我国最早的集装箱专业生产厂和最早的中外合资企业之一,"自强不息"的精神始终贯穿中集集团的发展历程,随着业务多元化、全球化战略的实施,中集要成为"所进入行业的世界级企业",必须继续发扬"自强不息"的奋斗精神,"挑战极限",不断地发掘潜能,去解决好发展中的问题。

2. 以追求目标为主的表述

例如,秦皇岛港的"爱我港口,建我港口,团结奋进,敢创一流"体现了"爱港、敬业、团结、奋进"的企业精神,"敢创一流"既体现了一种敢于奋斗,勇于创造的进取精神,又落脚于企业的愿景和目标。

3. 以舒展情怀为主的表述

例如,"一代人要有一代人的作为,一代人要有一代人的贡献,一代人要有一代人的牺牲"与其说是青岛港的企业精神,不如说是青岛港人的博大情怀。"一代人要有一代人的作为"表明了青岛港人永不满足、不断进取的态度;"一代人要有一代人的贡献"表达了青岛港人的爱国情怀和奉献精神;"一代人要有一代人的牺牲"则是青岛港人敢于拼搏和自我牺牲精神的写照。虽然青岛港精神没有采用直接的企业精神的表达方式,但字里行间无不透出一种代表精神作用的豪迈和思想境界。

4. 以表达理想为主的表述

例如,广州远洋运输公司的"求是创新,图强报国"表达了"报效祖国"的思想品质,充满了理想主义的色彩。透过"求是"和"创新",可以正确地理解广州远洋人的精神世界和崇高的理想追求。

5. 以实现超越为主的表述

例如,中国交通建设集团第二公路工程局的"不断超越,勇创新业",表现的是一种"超越自我,挑战自我"的精神力量。作为一家把"成为世界先进建筑承包商"作为发展目标的交通工程建设企业,第二公路工程局已经吹响了第三次创业的进军号角,不断开创新的业务领域是第二公路工程局未来发展过程中的主要特征,只有用创业的精神指导三次创业,才能不断超越自我,实现新的跨越。

（三）不同类别交通企业精神

不同类别的样本企业对精神构成要素的选择有一定的差别。港口和工程建设类企业对"创新"和"争先"两个要素的选择频次最高;水运企业在"争先、求实、创新"三个要素上的选择频次最高;高速公路管理企业选择"团结、求实、创新"的频次最高。

导致不同类别的交通企业对精神要素选择差别的主要因素在于,不同类别的企业对战略选择的差异。例如,把"国际化"和"世界知名"等作为未来战略目标的企业一般都提倡"创新"和"争先"精神,因为"国际化"的战略必须要用"创新"和"争先"的精神来支撑;对于正处在企业制度变革关键期的企业（如道路运输类）,"做大、做强"的压力和对"发展方式"选择的困惑,使其迫切地感受到"团结"、"创新"和"脚踏实地"的精神,对企业当前的发展和未来定位的重要性。

企业发展战略的选择决定了企业的经营行为,而企业的经营行为又是企业精神产生的源泉。

从六大类交通企业完整的精神表述上看,也有比较明显的差别。

在港口类企业的精神中,充满着"创新、争先、拼搏、求实、奉献"的精神要素。这是因为我国的港口企业,都处在一个同质的国际化市场环境中,成为"世界一流大港"和"国际物流枢纽"几乎是所有港口企业未来的战略选择。为了求得更快的发展,必须要选择与众不同的"超前性思维,超常规工作"（芜湖港）的发展方式,以"只争朝夕"（营口港）的态度,"开拓创新"（烟台港）,不断"超越自我"（天津港）,才能实现"国际一流强港"的梦想。因此,"创新"的发展道路是中国港口企业选择的科学发展观,与"争先、拼搏、求实、奉献"的精神要素,构成了港口企业的主体精神内涵,推动着中国的港口企业向"国际一流强港"迈进。

工程建设企业,在对精神的表达方式上不一定都追求简洁,主要是通过多精神要素的组合和对主要精神点的描述方式来表述企业精神的。例如,第一航务工程局的"创新务实,崇尚科学,拼搏奉献,永争一流"是典型的采用多精神要素的组合来表达企业精神的,16个字至少明确地表达了"创新、求实、严肃、拼搏、奉献、争先"等六种精神要素。以超越自我为特征的创新精神,在工程建设类企业精神的表述中比较突出、典型。例如,中国交通建设集团的"不断超越,勇创一流";中国交通建设集团第二公路工程局的"不断超越,勇创新业";中交华南工程公司"超越今天,收获未来"等表达了开创新的事业和收获未来,就必须要有"超越自我、超越今天"的创新精神。其表述方式是典型的采用对主要精神点的描述方式。追求简洁明了是水运企业的精神表述的主要风格。例如,长江航道局的"团结,敬业,服务,畅通"、大连远洋运输公司的"求是创新,图强报国"、青岛远洋运输有限公司的"诚信,认真,求是,创新"等就是用简洁、概括的方式表达企业精神的。即便是用口号式的方式表达企业精神,语言的使用也比较直白,如"爱我中海,勇创一流"是中国海运(集团)总公司的精神,直白的语言涵盖了"爱企""创新"和"争先"等精神要素。广州航道局"万顷沙"轮提出的"用好每一分钟的'船舶'精神"是一种故事的表达方式,虽然外人不了解"每分钟"后面的故事,但是从"至诚至信,尽职尽责,共创价值"的表述上就可以感觉到在企业精神中"效率"的重要性。

道路运输企业绝大多数是采用简洁和抽象化的语言方式来表述企业精神。"团结"和"创新"是道路运输类企业的精神表述中使用频次最高的词。例如,沧州运输集团股份有限公司的"团结,创新,诚信,奉献";内蒙古巴运公司的"团结,奋进,争优,创新";山东交通运输集团的"团结,奉献,创新,发展";江西新世纪汽运集团有限公司的"团结,务实,进取,创先";廊坊交通运输集团有限公司的"团结,务实,安全,优质";宁波公运集团股份有限公司的"团结,敬业,务实,创新"等都是使用抽象概括的词来表述企业精神的,理性的色彩比较浓厚。这种表达方式虽然有大同小异的感觉,但也容易凸显共性。

高速公路管理及运营公司的精神表述方式与道路运输企业相近,多数企业也是采用简洁和抽象化的语言方式来表述企业精神的。但"团结"和"求实"是企业精神表述中使用频次较高的词。此外,部分高速公路管理及运营公司的精神,采用了不同于简洁和抽象化的语言方式来表达精神。如江苏宁沪高速公路股份有限公司的"真心实意的服务精神,同心协力的团队精神,尽心守职的敬业精神"即是采用成语概括的方式来表述精神的。理性、庄重,而又不失个性。

交通产品类企业因经营业务及发展领域不同,对精神的表达方式有一定的差别。总体上看,样本企业并不太拘泥简洁和抽象化的语言方式来表述企业精神,个性化的表述方式在交通产品类企业精神的表述中比较明显。如,中交第一公路勘察设计研究院的"特别能吃苦,特别能战斗,特别能追求的'青藏路'精神"采用的是一种比较典型的品名式的表达方式,修筑于世界屋脊的"青藏路",在世界道路建设史上也具有一定的"知名度"和"美誉度",用它来命名企业精神,容易获得员工广泛的认同,产生自豪感。

(四)交通企业精神的表述

应该说,企业精神是企业全体员工主体价值的升华,一种崇高的精神在企业中形成并成为共识,需要共同的培育和准确的语言表达。寻找对交通企业最有影响的精神特质,是准确表达交通企业精神的关键。交通企业精神的积淀为我们提供了传承的依据。例如,"为人民服务到白头"的"小扁担"精神、"爱岗敬业、默默奉献"的"铺路石"精神、"以苦为荣"的"航标灯"精神、"四海为家、不畏风险"的航海精神、"把安全带给别人、把危险留给自己"的交通救捞精神,以及"起帆精神"、"振超精神"、"刚毅精神"等。

我们整合、提炼的企业精神的完整表述为:通行天下,图强报国。

"通行天下"表明交通企业的行业属性和面向世界、开创未来的理想追求。中国交通企业在实施国际化和强企战略的过程中,必须要有"通行天下"的胆识和"创新""踏实""勇往直前"的精神。因此,"通行天下"明喻交通行业属性、特点,暗喻"勇往直前"的"争先、奋进、拼搏、自强"精神。"通行天下"还表明：只要哪里有人类社会的活动，就一定有交通企业人的身影和他们存在的价值。

"图强报国"是交通企业精神的典型特征，也是交通企业精神历史的积淀，更现实地表达了交通企业"做强做大，成为一流"的决心和"奉献社会，报效祖国"的忠心。之所以选择"通行天下，图强报国"，作为交通企业精神的表述，是因为它可以基本包容交通企业普遍认同的"创新、求实、团结、争先、奉献、奋进、拼搏、自强"的精神内涵。通道、通途、通畅，通则达；行程、行动、行道，行则果；是对中国交通企业社会使命和"知行合一"行为境界的生动写照，也是中国交通企业文化思想内涵的具体诠释。

胸怀祖国，才能放眼世界。具有放眼世界的目光，就一定能够实现"强企""一流"之梦，就一定能够为祖国、为人类做出更大的贡献！"通行天下，图强报国"，是时代的召唤，是交通企业精神理性的表达。

二、交通企业愿景

（一）企业愿景本质

企业愿景又译企业远景，简称愿景，在20世纪90年代盛行一时。企业愿景是指企业战略家对企业前景和发展方向的一个高度概括的描述。所谓愿景，由组织内部的成员制订，由团队讨论，获得组织一致的共识，形成大家愿意全力以赴的未来方向。

应该说，追寻美好的未来，是人的本能需要。由于社会价值观念的多元化，使得生活在社会环境中的人们，在追求美好未来的同时目标各异。共同愿景作为一种文化理念，它可以唤起组织中的人们对未来的希望，将有着个体目标差异的人们连成一个共同的整体，使他们的价值观和工作目标趋于一致。因此，真正的愿景来源于组织的使命，并植根于组织的价值观和目标之中。追寻美好的未来，就是追寻大家希望共同创造的未来景象。

由于共同愿景是由个体愿景汇聚而成，在整合个体愿景并展现共同景象的同时，要关注个体的自我需要，特别是个体对家庭、组织、社会、发展的需要，要引导、鼓励、帮助他们建立和发展个体愿景。因为，没有个体愿景的人，不可能有积极向上的动力。建立"共同愿景"就是要实现个体愿景与组织愿景的统一、个体目标与组织目标的统一。

在西方的管理论著中，许多杰出的企业大多具有一个特点，就是强调企业愿景的重要性，因为唯有借助愿景，才能有效地培育与鼓舞组织内部所有人，激发个人潜能，激励员工竭尽所能，增加组织生产力，达到顾客满意度的目标。

企业的愿景不只专属于企业负责人所有，企业内部每位成员都应参与构思制订愿景与沟通共识，透过制订愿景的过程，可使得愿景更有价值，企业更有竞争力。

在样本企业提出的愿景中，通过对提炼出的"现代化、国际化、一流、知名度、家园、和谐发展、效益、贡献、员工发展、发展方式"等10个表达愿景的要素词进行编码统计，结果表明，样本企业在愿景表述的要素词选择上，有一定的差别；但在"知名度""一流"和"发展方式"三个要素的选择频次上比较集中。

（二）交通企业愿景要素

交通企业愿景是交通企业全体员工对未来美好景象的憧憬，建立共同的企业愿景，就是要明确回答我们共同为之奋斗、希望达到的景象是什么,回答了这个问题,交通企业的发展就有了明确的方向,有了明确的方向,就能够使全体交通企业人产生发自内心的感召力量,将对未来的追求凝聚到共同目标的实现上。

提高企业的知名度,对于众多把"创一流企业""向国际化迈进""创一流经济效益"作为愿景目标追求的交通企业来说,应该是基于对企业发展战略的一种明智的选择。一般情况下,没有知名度的企业,不具备"公信力"的基本条件,而没有公信力的企业是不会有太大的作为的。交通企业要走出中国、走向世界,并成为"全球卓越"企业、"国际一流"企业,除要有国际化的视野和国际化的战略思维外,必须要靠自己的努力奋斗,在全球化的竞争环境中、在国际化的市场上,打响自己的品牌,形成国际影响力,提高国际知名度。选择企业的发展方式,如"多元发展,不断拓展业务领域""提升产业价值链,走专业化的道路""多元化经营,集团化运作""以资本运营为纽带,建立产业联盟"等是每个企业在追求发展的过程中必须认真思考和做出正确抉择的大事。中国交通企业,把企业"发展方式"的选择作为"愿景"结构的内容及要素,是对发展方式转变的理性选择。

用"知名度""一流""发展方式"和"国际化"作为交通企业愿景结构的主要表达要素,应该说是对企业未来价值的再认识,代表中国交通企业未来的发展方向,与"使命"相适应、相一致。

从对样本企业提出的完整的愿景看,多数企业的愿景都能够较为准确地表达"我们的未来是什么"的问题,也都在刻意地向人们展示企业对未来美好景象的憧憬。

例如,深圳港的"建设和谐企业和效益企业,实现可持续发展,力争创建经济效益一流、国内领先、国际知名的现代港口物流企业"就表明企业的未来是"经济效益一流、国内领先、国际知名的现代港口物流企业"。在愿景中融入了价值目标,容易产生一种感召的力量。尽管有学者并不主张将效益作为愿景要素,认为有物质利益的愿景,不容易使员工产生崇高感,而且当某种物质利益达成后,容易失去对员工的吸引力。但深圳港的"效益企业"和"效益一流",并非具体的经济目标,前者属于价值的范畴,后者又是典型的"愿景"语言的表达方式。

又如,芜湖港的"建设一个经营理念领先、管理卓越一流、经济效益显著、发展空间广阔的现代化港口;建设一个功能完善、布局合理、特色鲜明、辐射广阔、优质安全、便捷高效、文明环保的国家级物流中心,成为集储运和科工贸为一体的长江上最大的综合性物流中心企业之一"就涵盖了"一流""效益""知名度""发展方式"等愿景要素,同时也展示了一幅芜湖港未来发展的全景图,波澜壮阔,气势恢宏。这一幅幅芜湖港人未来的、美好的宏图,"色调"清亮,具有可实现性。

围绕一个或几个愿景要素来表述企业的愿景,是样本企业愿景表述的共同特点。尽管各个样本企业在愿景的表述方式和愿景构成的要素上有比较大的差别,但归纳起来主要有以下四种表述方式。

1. 突出价值理念的表述

例如,天津港石化码头公司的"客户创造价值的桥梁,员工安身立业的家园,企业家创新进取的舞台,社会承载责任的典范,并努力成为具有高效的团队和具有鲜明文化个性的国际化一流石化码头"。很明显,该企业的愿景包括两部分:一是价值理念;二为未来的蓝图。为"客户创造价值",为"员工安身立业",提供"创新进取的舞台",承载"社会责任"等,是公司

"恒久不变"的价值观。融价值于未来蓝图——"国际化一流石化码头"的表述中,是公司愿景表述的基本特征。

云南金孔雀集团的"共谋发展,共同富裕,平安和谐",也是围绕一系列目标一致的价值观来描述的。虽然从表面上看,该企业对未来蓝图的表达没有像对价值关系的表达鲜明,但在"共同富裕,平安和谐"的价值表述中,还是感受到云南金孔雀人对未来的憧憬——"富裕、平安、和谐"。"富裕"是人的期望,"平安"是人的期盼,"和谐"是人的最高追求,符合社会期望,满足个人心愿,符合典型行业的要求。

2. 突出远大目标的表述

例如,上海港的"发展成为全球卓越的码头运营商";长江航运集团的"世界内河第一,国际航运先进";中集集团的"成为所进入行业的世界级企业"。这些企业所描述的未来蓝图,都不约而同地注入了"国际化"的基因。对于致力于把开拓国际市场作为未来发展战略选择的企业,其愿景表示"全球化和国际化"的宏愿,才能使全体员工产生共同的追求。

尽管三家企业都有"国际化"要素的表述,但其国际化的内涵是有差别的,如上海港和长航都是在各自的专业领域成为国际"卓越"和"先进"企业,而中集是要成为"所进入行业"的"国际级"企业。不同的业务,其国际化的发展思路和目标的选择有所不同。

3. 具有人本色彩的表述

例如,青岛港的"建设北方国际航运中心,营造平安和谐家园";烟台港的"开放的枢纽港,自豪的大家园";天津港的"世界一流大港,员工快乐之家"。这些愿景都充满了"人本"理念的色彩,尽管三家企业的愿景都有"国际化"的要素表述,但字里行间无不洋溢着"以人为本"的目标追求。我们有理由相信,这三个港口企业未来的"家园"一定会让全体员工实实在在地体会到"愿景"带给他们的幸福和快乐!

4. 明确发展方式的表述

例如,中国交通建设集团第二公路工程局的愿景:"主业卓著,多元发展,科技领先,享誉中外"是非常典型的发展方式的表述。"主业卓著,多元发展,科技领先"简短的12个字,浓缩了企业寻求差异化发展的战略思想及其思路——"主业做大做强,拓展新的领域,走科技发展的道路";"享誉中外",则是其对未来景象的典型表述。战略与未来景象的融合,能够明确追求的目的,减少追求的盲目,更好地满足人们对理想结果的预期。再如"现代化生态港口,国际化物流中心"是营口港的愿景,它是以发展战略的思路——"生态港"和"国际化物流中心"表述来体现未来景象的。在战略中融入愿景,在愿景中体现战略。

由于愿景是来源于企业对战略的选择,因而必然要回答"我们期望看到的景象""我们愿意为之努力的理想"和"通过努力可能实现的愿望"等三个问题。从对以上典型样本企业愿景的分析中可以看出:尽管它们有各自对"愿景"内涵的理解和表达发生上的差别,但都在刻意地通过以上四种表述方式来回答这三个问题。

在调查的交通企业中,部分企业对愿景的表述也存在概念不清的问题,如将"愿景"混同于"战略、目标、价值观"等。典型的表述列举如下:"立足东部,稳步开发西部,以路桥为依托,辐射邻近行业",尽管渗透了愿景的信息,可以让人们感受到"未来的我们"是一个"一流水准"的企业。"建一个精品工程,出一批科研领先成果,育一批卓越人才""公司三年内实现'十、百、千'经济指标""出效益,出人才,出英雄"明显属于目标范畴的表述,不属于愿景。

"发展海运事业,努力回馈社会""以顾客为关注焦点,实现企业可持续发展""隆兴港业,昌达物流,成就员工,惠益社会""路桥为业,科技领先,管理增效,优质取信"等表述也明显属于价值观范畴。尽管愿景可以体现价值,但价值与价值观是有差异的,在愿景中不能确切地回答"我们的未来是什么"的问题,是很难表述具体完整意义上价值的因素的。

"开辟最难的路,设计最好的路"也明显属于使命的范畴。在使命中表现愿景,是很好的企业使命的表达方式,但用使命代替愿景,就是概念混淆。在愿景的表述中,可以体现价值关系,但不能因此用价值观来代替愿景。

(三)不同类别交通企业愿景

不同类别的样本企业愿景构成要素有一定的差别。港口类企业和水运企业在"知名、国际化、一流"三个要素的选择频次上最高;工程建设和高速公路企业对"发展方式"和"一流"要素的选择频次上最高;道路运输企业既关注"知名、效益",同时也关注"发展方式"。

港口类企业、交通工程类企业和交通产品企业,在愿景的表述中选择"知名、国际化"的构成要素频次较高,这与样本企业多为大型交通企业有关。对于正处在发展中的企业,一般都选择了"发展方式"的愿景要素。企业发展战略的选择决定了企业愿景的展现。

从六大类交通企业对愿景完整的表达方式上看,也比较明显存在于企业类别和企业规模之间的差距。

在港口类企业的愿景中,"世界一流大港、世界领先港、国际大港、国际物流枢纽、国际物流枢纽、国际一流强港"几乎是所有港口企业对"未来"的回答,是中国港口企业具有挑战性的愿景,因而也极具感召的力量。此外,愿景语言简洁、明快,愿景内容高度一致,是港口企业愿景表述的方式和愿景表达内容的主要特点,绝大部分企业愿景的表述都是使用一句话的表达方式,如"世界干散货领先港,一流码头运营商""世界一流大港,员工快乐之家""打造最具活力的国际一流强港"等,言简意赅。

工程建设企业最鲜活的"愿景"一词主要是:"国际竞争力、享誉中外、国际一流、行业一流、跨国经营"等。在"一流"表述上,明显表现出与企业发展战略相关特点。例如,青岛路桥集团公司尚未选择"国际化"的战略,因而其愿景中"一流"的表述确定在"创全国同行业一流企业"的水平上,而其他已经或正在实施"国际化"经营战略的企业,其愿景目标都定位于"享誉中外"和国际或世界"一流"上。工程建设企业的愿景表达,主要是围绕"我们的未来是什么"的命题,采用多愿景要素的组合,既有战略的表述语言风格,又有目标表述的语言风格,还有价值要素的语言特征。

水运企业的愿景充满了"国际化"的诱人的色彩。无论是中远集团的"创造行业领先、可持续发展的世界一流专业化国际航运公司"愿景,还是中远远达航运有限公司的"建设具有世界一流水平的航运企业"愿景,都是把"世界一流"作为企业未来蓝图的主色调。即使是从事内河运输为主的长江航运集团,在其使命的表述中"世界内河第一,国际航运先进",也洋溢着"世界一流"的主色调。由此可见,实施国际化的发展战略,是中国水运企业未来的发展方向,其愿景的展示必然也要围绕这一宏大的主题。

道路运输企业的愿景更加简洁、明了,但愿景的内涵因企业战略或价值选择的不同而表达各异。例如,云南金孔雀集团公司的"共谋发展,共同富裕,平安和谐"愿景,表现的是一种"祥和"的主色;湖北公路客运集团公司的"建百年辉煌企业,谋长远持续发展"愿景,展示的是"百年辉煌"和"持续发展"的理性思考;山东省交通运输集团公司的"做中国最好的交通运输企业"和内蒙古巴运汽车运输有限责任公司的"争创全国驰名商标"愿景又表达了一种强烈愿望。

关注发展方式、成为知名企业、创一流管理品牌是高速公路管理及运营公司愿景表达的主题。例如,东北高速公路股份有限公司的"以公路建设经营为基础,以资本运营为纽带多元化发展,成为一个大型投资管理集团公司"的愿景是典型的以"发展"为主题的愿景。苏嘉杭高速公路有限公司的"成为国内著名的高速公路专业化管理品牌"的愿景,是典型的以"创品牌"和提高"影响力"为主题的愿景。河北高速公路管理局的"实现集约化、专业化、现代化、国际化目标,使公司成长为全国一流品牌、新型强势集团"的愿景,既充分表达了发展方式,又表达了"品牌"的主题。

"国际知名监理企业""国际型工程公司""世界级企业""世界先进水平""国际竞争力"等是交通产品企业愿景表达上最具生命活力和最令人心动的主题。尽管其经营业务及发展领域不同,但对美化未来的描绘却如此惊人的相似。在愿景的表达方式上,部分企业采用简短、明了的表达方式,如中集集团的"成为所进入行业的世界级企业"的愿景,简短但意义深远,赋理想于挑战性。本钢起重机制造厂的"挺进国内同行五强行列达到世界先进水平"的愿景,取"国内五强"和"世界先进"的因果关系,也表达了一种远大的理想,同时也包含了明确的奋斗目标。

面面俱到的愿景目标,用"连环画"的方式来表达企业的愿景,也是交通企业愿景中经常使用的表达方式。但由于语言普遍锤炼不精,导致愿景内涵顾此失彼和愿景的主色调淡化。总体上看,典型样本交通企业的愿景,展示的是一幅幅色彩斑斓的、关于未来的美好生活情景的图画,是诗,是歌,更是交通企业人已经奏响的生命的旋律!

(四)交通企业愿景表述

如果说愿景是企业对未来发展方向和景象的展示,那么就一定能够影响企业的行为模式,而企业的行为模式又决定了企业是否能够如愿以偿地达成美好的心愿。对全体员工而言,看到了企业美好的"蓝图",就容易把个体理想与企业的愿景结合起来,当人的憧憬指向为特定的、明确的目标时,就一定能够形成坚定的信念和奋发向上的动力。确立了人在企业中的个体理想、明确了行动目标,就能够形成众人一心的凝聚力和感召力。

从以上研究可以形成一个基本的判断:一个优秀的组织和一个平庸组织的区别在于优秀的组织拥有共同而又明确的愿景。

"共同愿景"作为对企业未来状况的描述,一定要概括地表明企业的理想、理念、目的和要努力达到的境界。

(1)理想是企业人对未来的一种设想。没有理想就不能激发起人们对未来生活的追求。尽管一个比较宏伟和远大的理想,有时候并不一定要实现。但人们可以在理想的指引下,在可以实现的目标中,切实体会到理想带给我们的幸福和快乐。

(2)理念是企业全体员工恒久不变的基本价值。未来景象如果不与价值观保持一致,也是无法激发人们真正热情的,还可能导致失败或引发人们对未来的"失望感"。

(3)目的是企业全体员工在实现理想的过程中要达成的结果。没有目的的追求是盲目的,盲目地追求则没有实现的可能性。明确的愿景是需要满足人们对"结果"的预期的。

(4)未来蓝图是企业全体员工科学规划和精心描绘的未来计划。一个可能和希望变成现实的蓝图,是需要通过努力追求去实现的。企业愿景如果不能展现未来蓝图,就不能激发人的"献身精神",持久地"追寻"美好的未来。

交通企业愿景的提炼除满足愿景表述的基本要素外,在遣词上要采用简洁的语言表达方式,因为简洁的语言容易理解和记忆。应该说,追求"卓越、知名、一流"的价值目标是全国交通企业全体员工普遍认同的未来景象,具有强烈的感召力量。取"卓越、知名、一流"等作为交通企业的共同愿景,容易获得广泛的认同。因此,我们对交通企业愿景的表述初步确定为:"成为一流的交通企业,对人类、对世界更有魅力。"

但这一表述也因此过于平实、缺少新意。又由于许多的交通企业在自己的愿景中,已经明确表达了"世界一流、国内一流、世界知名"等愿景。因此,在交通企业的愿景中,不再直接重复使用"卓越、知名、一流"等词,但是要在愿景的内涵上能够概括地表达以上要素。基于对交通企业愿景的这一认识,我们将交通企业的愿景提炼为:

成为每一个时代持续的先行者,让生活更便捷、更惬意!

做每个时代的先行者,可以使我们看到自己的使命,发挥更大的潜能,争取更伟大、更美满的业绩。"跑",寓意交通的本质特征。作为一个以解决社会生活中"行"的问题为使命的交通企业,要实现"卓越、知名、一流"的价值目标,就必须要奔跑在时代的前列。"先行"散发着社会的活力,"先行"涌动着生命的力量,"先行"使智慧的潜能发挥到极致!"先行者",反映了交通在经济社会发展中的"先导"地位。交通企业要在经济社会的发展中有效发挥"先行者"的作用,就必须要以"持续不断"的发展观,担当起"先行者"角色,奔跑在每一个时代的最前列。因此,"先行者"又涵盖了"卓越、一流"愿景要素,同时也表达了"永无止境"的世界观和方法论。因为,永无止境的世界观,能够让我们的行动指向更加远大的愿景目标,不会因为一时的辉煌,而改变交通人对理想、对更加美好的未来"生生不息"的追求。在表达交通企业未来景象的主题上,在经济全球化的背景中,采用"先行者"作为构图的主要素,鲜明、生动、形象,给人以较大的想象空间,完全符合愿景表达的基本要素。"便捷""惬意"既表达了交通企业典型的行业特征,更是对交通企业价值最形象的表述。取价值要素于愿景的表述之中,能够使愿景的目标意义更加鲜明,未来"图景"更加完美。

思考与练习

1. 什么是交通企业精神?它的作用是什么?
2. 在对企业精神的表述方式上,主要有哪几种表述方式?
3. 从六大类交通企业完整的精神表述上看,试比较它们的差别。
4. 试分析"通行天下,图强报国"的寓意。
5. 什么是交通企业愿景?为什么要建立交通企业愿景?
6. 企业愿景归纳起来主要有哪几种表述方式?试归纳分析。
7. 试分析不同类别交通企业的愿景。
8. 试分析"成为每一个时代持续的先行者,让生活更便捷、更惬意!"的含义。

第二章 交通企业使命与核心价值观

发展现代交通,促进民富国强,是国家和人民赋予交通运输行业的神圣使命,交通运输发展的主要任务是发展现代交通运输业,实现交通运输现代化,根本目的是促进人民富裕、实现国家强盛。在目前和今后相当长时期内,交通运输行业将围绕履行这一使命,努力提高做好服务国民经济和社会发展全局,服务社会主义新农村建设,服务人民群众安全出行的能力和水平。核心价值观是企业系统基本的和长期奉行的宗旨,作为一种共同的群体意识,它决定了企业全体员工特有的价值取向、追求目标和行为规范。因此,它是企业文化的核心内容,是企业全体员工生存和事业发展的基础,更是交通企业全体员工追求成功的动力。本章将围绕交通企业的使命与交通企业的核心价值观,从更深更广的角度进行详尽阐释。

一、交通企业使命

(一)企业使命概述

"使命"是指奉命去完成某种任务。企业使命是基于企业对战略的自我选择,它回答"我们的事业是什么和我们存在的目的和意义"的问题,必须围绕企业对发展战略的思考和企业应该具备的社会责任。

尽管每个企业都有不同的战略选择,就像每个人有不同的发展道路和与众不同的生命轨迹。但是,如何走完自己的"人生"、希望成为什么样的"人"、能够取得什么样的"成就"就需要有正确的目标的选择,需要有正确的世界观、人生观、方法论的选择,需要有正确的价值观的引导。一个人或一个企业带着服务社会,成就事业的使命来到世界上,来到社会生活中,就必然要表现出与获得成功相适应的行动。为了满足社会和"个体"的期望,也一定要表现出个体生命的理想和抱负。一个人用明确的文字表达其肩负的使命,就是向整个世界表达其毕生所追求的成功和价值。

虽然在企业运作的实践中,有明确使命的企业对使命的表述方式不尽一致,有针对企业具体工作任务式的陈述,也有纲领性的陈述,还有目标性的陈述,更有针对企业社会责任和企业价值的陈述,等等。但基本都是在回答"我们的事业是什么"这一关键性的问题,都在表明"企业存在的根本意图和目的"。

不能确定企业的使命或宗旨,是企业遭受挫折和失败的一个主要原因。在正常的情况下,企业及其员工的盲目性,主要来源于没有设定明确的目标和发展方向。而明确的目标和发展方向是要通过"使命"的陈述来实现的。一个真正意义上的社会人,如果不明白"我存在的目的和价值",它的人生必然是茫然和盲目的;一个企业如果不明白"我存在的目的和价值",它的未来同样是茫然和盲目的,在市场经济的环境中,也必然会迷失方向和丧失竞争的主动权。

没有明确表达自己使命的企业,必然会产生没有使命感的员工,没有使命感的员工,就不会有对企业、对社会的责任,更不会有对追求职业生涯成功的渴望。没有对生活渴望的人,不会获得成功,也不会获得他人的尊重。所以,每个企业,无论大小,都需要通过对使命的表述,回答"我们的事业是什么和我们存在的目的和意义"。因为,使命描述了企业的发展方向、主导产品、市场和核心技术领域,反映了企业相对固定的核心价值观和核心目标,表明了企业最有价值、最崇高的责任和任务。

回答了"我们干什么和为什么干"就可以有效地帮助员工理解企业的战略目标,理解企业的愿景,理解企业的核心价值观,从而与企业的文化保持一致,提高凝聚力和使命感。同时,企业通过对使命的表述,等于向社会各界、合作伙伴、产品的消费者表明了企业与他们的价值关系和企业存在的理由。一个敢于公开承诺的企业,一个敢于公开自己理念的企业,一个敢于将自己置于舆论监督下的企业,一定能够获得社会大众的认同与支持。

交通企业的使命,就是要向社会各界、向一切使用交通产品的消费者、向全体交通企业的员工宣告:在振兴和发展祖国的交通事业中,我们存在的理由和价值。

(二)企业使命基本要素

从调查情况来看,尽管样本单位对使命构成要素有不尽一致的表达,但大部分企业基本还是在回答"我们的事业是什么或我们的企业是什么"的关键性问题,也都在试图通过对企业使命的描述来表明"企业存在的根本意图和目的"。例如,芜湖港务公司的"致力于港口物流事业,打造物流大港,服务社会,回报股东,发展企业,成就员工",就明确表明了该企业是"港口"企业,属于"物流"行业,其存在的价值是要"服务社会"、"回报股东"、"成就员工",愿景和目标是要"发展企业"、打造"物流大港"。其使命构成要素包含"目标"、"责任"、"利益"和"发展"等主要要素。又如,江口航道管理局的"打开长江口,畅通黄金航道,促进长江三角洲及沿江经济腾飞,开创世界河口整治新篇章,确立中国国际水工技术领域强国地位,将中国文化推向世界,为建设者提供个人发展施展才智舞台",也表明了该企业是"航道"企业,其存在的价值是促进"经济腾飞"和"个人发展",目标和愿景是"国际水工技术领域强国地位"。使命构成要素主要包含"报国"、"目标"、"责任"、"发展"等。

由于企业对使命概念的理解和领悟不太一样,因而在对使命描述的方式上存在较大的差别。多数企业对使命的描述,是采用多种要素综合的表达方式,但在构成要素的内涵上有所侧重。归纳起来大致有以下五种表述方式:

(1)强调社会责任为主的表述。例如,秦皇岛港务集团有限公司的"强港报国,贡献社会"所表达的主要内涵,是基于对国家、对社会的一种崇高的责任。"强港报国",既概括回答了"我们的事业是什么和我们的企业是什么"的问题,又表明了"我们存在的根本意图和目的"。"贡献社会"则是秦皇岛港的社会使命,是秦皇岛港对社会使命的态度,更是秦皇岛港人的价值观和精神归属。又如,青岛港集团有限公司的"打造平安福港、效益快港、实力强港,实现'精忠报国、服务社会、造福职工'三大使命",也是典型的社会责任为主的表述,"打造平安福港、效益快港、实力强港",既回答了"我们的事业是什么和我们存在的意义"等问题,又描绘出青岛港集团的未来景象。"精忠报国、服务社会、造福职工"的三大使命,是青岛港集团的社会使命,表明了青岛港集团对不同社会利益主体所要承担的道德责任。

(2)强调企业价值为主的表述。例如,青岛交运集团的"社会需要交运,交运奉献社会",是一种非常典型的价值关系的描述,清楚地表达了"企业与社会"互为价值主体和价值对象的关系。它在回答"我们的事业是什么和我们的企业是什么"这一使命必须回答的问题时,也是通过"我们存在的价值"进行回答的。即,社会需要我,才有我存在的理由;我的存在又可为社会创造价值。也可以说,青岛交运集团的使命,也是一种企业社会使命的表达方式。不同的是,其社会使命强调的是一种互为因果的价值关系,而不是一种"纯粹"意义上的社会责任。又如,中通客车控股股份有限公司的"发展并使自己对人类富有价值",也是一种基于企业价值意义的使命表述。虽然在中通客车控股股份公司的使命中,没有正面回答"我们的事业是什么和我们的企业是什么"的问题,但告知了"我存在的理由和价值",表明了"企业与人类"的价值关系,为企业的"发展"找到最终的目标——"对人类富有价值",也蕴含了一种社会使命。虽然,中通客车控股股份公司在"使命"的表达内涵上有一定的缺陷,但其语言表达的风格活泼,不落俗套,给人以"清新"的感觉。

(3)强调发展目标为主的表述。例如,内蒙古巴运汽车运输有限责任公司的"打造实力,建设百年巴运;造福职工,情系巴运家园;立足交通,争当行业先锋"远大的理想,使命构成的三个要素都指向企业的发展目标:"百年巴运"、"巴运家园"和"行业先锋"。在"百年巴运"的发展目标中,回答了"我们的事业是什么和我们的企业是什么"的问题,对"我们存在的意义和价值"的回答,也是通过发展目标来回答的。为了完成建设"百年巴运"的发展目标,一定要"打造实力"。因为,"实力"才是发展"百年巴运"的基础。"造福职工,情系巴运家园"表达了巴运公司与其成员之间的价值、利益和责任关系;"立足交通,争当行业先锋"既表达了巴运公司选择发展的领域,又表明了一种远大的理想。作为企业使命,其使命要素内在的逻辑关系有待调整,但在使命中清晰表明企业发展的意图和目标,容易起到凝聚人心的作用。

(4)强调以展示愿景为主的表述。例如,"顺天时,成就一流石化码头;借地利,成就每一位客户;造人和,成就每一位员工"是天津港石油化工码头公司的使命。建设"一流石化码头"是其展现的未来景象。在展现未来的景象中,回答了企业使命必须回答的基本问题:"我是石化码头","我们事业是建北方枢纽油港"。使命表达的其他两个层次的内涵也是紧紧围绕"一流"的愿景目标进行表述的。表面上看,"成就每一位客户"和"成就每一位员工"表明的是"企业与客户"和"企业与员工"价值与利益的关系,但"成就"两个字,与"一流"作为一个统一的整体,共同表达了公司的愿景,更表达了"我们为什么做"的使命内涵。因为,企业使命只有表明"我们为什么做",未来景象才具有可实现的意义。取"顺天时"、"借地利"、"造人和"的文化内涵,明喻"顺应时代潮流、建立共同发展的客户关系、与员工建立目标责任一致的利益共同体",与"一流"、"成就"的表述结合,形成了天津港石油化工码头公司完整的使命表述。

(5)强调具体目标为主的表述。例如,路桥集团第一公路工程局的"为客户创造超值回报、为员工构建成长平台、为社会铸就百年工程、为股东赢取持久收益"是非常典型的、以强调具体目标为主的使命表述。在构成使命的几个要素中,几乎都是在表达一个具体的目标——"超值回报、成长平台、百年工程、持久收益"。对"我们的事业是什么和我们的企业是什么"问题的回答,是通过"铸"和"工程"来体现的。虽然不是直白的表述,但与其他几个目标进行组合,还是可以让人们感受到"我们存在的意义"和对"客户"、"员工"、"股东"的价值,其社会的使命也跃然纸上。又如,第一航务工程局的"浇注精品,发展企业,奉献社会,造福员工"是围绕"浇注精品"的具体目标,按一定逻辑关系组合而成为企业的使命。"浇注精品",既回答了"我们的事业是什么和我们的企业是什么"的问题,又表明了"我们存在的意图和目的"。"浇注精品"的企业使命是企业生存和发展的出发点,更是其体现社会价值的载体。

社会使命是交通企业使命表达的典型特征。从以上对使命的分析中,可以看出,不管企业在使命表达的方式上有多么大的差别,但企业对社会、客户、员工、股东等利益主体的价值关系、责任关系、利益关系表达得非常明确。从而也说明企业普遍都具有较强的责任意识。尽管个别企业对自己使命的内涵定义不准确,尽管也有人认为使命一般与企业的实际经营是分离的。但是,作为一个有远大理想、追求卓越理念、追求可持续发展的企业来说,一定会向社会、顾客、员工、股东提出企业的使命。

各个企业对"使命"概念的理解不一,因而表达的"使命"内涵差距较大。其主要原因是与多数企业没有建立起比较完整、系统的文化理念有关,故而常常将"使命"与"精神"或"价值观"等混为一谈。典型的表述列举如下:

(1)将明显属于企业经营理念范畴的内容作为使命。如,"货主至上,质量第一"、"重合同,守信誉,创精品,树品牌"。

(2)将明显属于企业服务理念范畴的内容作为使命。如,"服务第一、质量第一、安全第一、信誉第一"、"服务至上打造一流品牌,精心设计绘就栋梁基业"。

(3)将明显属于企业行为范畴的内容作为使命。如,"全力做好每件事,用心工作每一天"、"安全、诚信、优质、高效"。

(4)将明显属于企业价值范畴的内容作为使命。如,"顾客至上,科技领先,追求卓越,服务社会"、"弘扬古蜀文化,构建和谐金沙"、"创一流业绩,育一流人才"、"路畅人和,以道达远"。

此外,许多企业的使命没有回答"我们的事业是什么"和"我们的企业是什么"的问题,特别是在普遍采用社会价值导向来表达企业的使命时,忽略了企业本体的价值因素。例如,"造福员工,回报社会",将对典型的价值关系的描述作为企业的使命。又如"社会需要交运,交运奉献社会",虽然语言风格不落俗套,但从概念上说,作为使命的语言特征并不特别鲜明,有待进一步提炼与升华。

(三)不同类别交通企业使命

在对各类企业使命构成的要素分析中发现,各类企业使命构成要素的选择频次有一定的差别。

例如,港口类企业对"报国、责任、目标"三个要素的选择频次最高;交通工程建设企业对"形象、目标、责任"三个要素的选择频次最高;水运企业对"目标、顾客、发展"三个要素的选择频次最高;道路运输企业对"责任、目标、发展"三个要素的选择频次最高;高速公路管理企业对"责任、报国、顾客"三个要素的选择频次最高;交通产品企业,对"顾客、目标、发展"三个要素的选择频次最高。

从各类别企业使命构成要素的选择结果看,市场化程度较高的类别企业,选择"形象"和"顾客"的频次较高;高安全风险类别的企业,选择"责任"的频次较高;国有及国有控股企业,选择"报国"的频次较高。

调查结果在一定程度上反映了不同类别交通企业使命的价值取向,也具有典型行业的某些明显特征。

如果从各类别企业对使命完整的表达方式上看,差别也比较明显。如:

"强港、快港、福港、大港、平安港、效益港"是港口类企业最鲜明和最具有行业个性的"使命"用词。多数企业采用直白的方式回答了"我们从事并为之奋斗的港口事业"和"我们的价值是什么"的问题。与员工的价值关系,在港口企业使命中也占有重要的位置。由于企业间经营业务及发展领域"同一性"的因素较大,因而部分港口企业对"使命"简洁的表述有"曲近同工"之感。

工程建设企业处在一个"同质化"的市场竞争环境中,生存和发展的压力使这类企业格外注重客户资源和企业品牌的影响力。因而在企业使命的表述中,使用最多的词也是与"客户资源"和"影响力"相关的词,如"客户、品牌、精品、造福社会、造福人民、造福员工"等。多数企业对"使命"采取简洁的表达方式,但无论其语言的使用,还是表达的内容、内涵基本一致,有"同曲同工"之感。

由于我国的水运企业已经把"国际化"作为企业的战略目标,因而"国际化"的因素在水运企业的"使命"中体现得非常鲜明。"全球"、"国际经贸"是水运企业"使命"中最富个性的词。社会使命在水运企业的使命中,也表达得十分明确。融入社会使命与国际化战略目标的实现中,是我国水运企业"使命"表达的特点。即便是对没有实施国际化战略的水运企业,服务特定的"区域"也是这些企业肩负的"使命",有"异曲同工"之感。

"服务、奉献、效益、员工"是道路运输企业的使命中使用频次较高的词。对于始终处在服务第一线的道路运输企业,"服务、奉献、效益、员工"永远是它们肩负的社会使命。这些"使命"中经常使用的词与企业业务特点相适应,与企业未来的发展方向相一致。虽然,道路运输企业因其企业制度的差异,导致使命表述中的价值主体有一定的差别,例如,股份制公司常常出现"股东利益"的表述,但这也正是一个负责任的企业的"道德宣言",有"同曲不同工"之感。

"服务、奉献、回报"是高速公路管理及运营公司使命表述中使用频次最高的三个词,基本体现了高速公路类企业的业务及发展特征。由于高速公路管理及运营公司是随着我国高速公路建设、发展而形成的新型交通企业类别,作为高速公路建设一种投资回收的手段,其发展战略的选择也必然要遵循"路畅人和"和"尽快获得投资回报"的价值关系。因此,其"使命"表述也必然要体现与这一发展战略相同的思想。"服务、奉献、回报"正是这一思想的具体表现,有"曲同众和"之感。

由于交通产品企业的业态不尽一致,因而在使命的表达上没有体现既具有共性,又具有个性特点的词。但是,以提供"物质"产品(制造)的交通产品企业,尽管经营业务及发展领域不同,但服务对象和提供产品的方式有一定的相似性。因而在"使命"的表述中,还是使用了有共同意义的词,例如"世界、一流、知名品牌"。这类企业在使命的表达方式上比较规范,内容上也比较完整,都赋予使命以"愿景"。

总体上看,那些典型样本企业的使命,基本上是以强化"社会责任"为己任,以"社会使命"为企业使命内涵的基调;企业间的经营业务及发展领域有一定的"相似性",企业使命表达的内涵就越接近;企业规模、企业制度和企业发展战略影响企业使命的表达。

(四)交通企业使命表述

使命是企业存在的原因,使命是企业存在的意义和价值,使命还是企业肩负责任的宣言。它既要告诉人们"我们为什么存在、怎样经营、向何处去、未来怎样"等基本问题,还要表明其对社会的基本态度和价值取向。

一般而言,创造价值是企业存在的意义和依据,赢利是企业创造价值的重要标志,也是企业生存和发展的前提条件,还是企业持续发展的动力之源。企业作为社会的一个经营性组织,区别于其他社会组织的最大特点,就是企业必须要把赢利作为最高目标,把实现利润的最大化作为企业的终身追求。没有利润的企业是缺乏价值的企业,而缺乏价值的企业不具继续生存的条件,也难以产生持续发展的动力。企业在发展过程中追求利润的最大化不是其唯一目的,还有更加高尚的目标,这就是企业的社会责任或社会使命。但是,在更多的时候,企业的社会责任也是靠企业创造的价值特别是经济价值去实现的。

因此,企业的价值应该是经济价值与社会价值的统一。交通企业的使命除要表明"我们存在的价值"外,更应揭示"为什么而存在"的问题。

通过对典型交通企业提出的使命和国内外著名企业使命的分析中可以发现,尽管这些企业在使命的表达方式和内容上千差万别,但是在组成使命的价值要素上却"大同小异"。归纳一下企业使命的这些共同的要素,企业使命主要应包含以下内容:

(1)事业,表明企业的业务属性和行业属性。
(2)顾客,企业的客户(包括供应商)及产品的最终使用者。
(3)员工,企业最有价值的资本。
(4)股东,企业资产的拥有者。
(5)产品或服务,企业产品的价值和延续的功能。
(6)市场,目标市场独特的竞争力。
(7)形象,企业的公众形象(包括品牌形象)对企业、对社会的意义和价值。
(8)理念,企业的核心价值观与行为。
(9)愿景,企业的未来景象、成就或地位。

例如,中集集团的使命是"在全球市场中,成为能按照客户需求,提供世界一流的现代化交通运输工具和相关服务的主要供应商,创造为客户所信赖的知名品牌,同时保持公司的健康发展和持续增值,为股东和员工提供良好回报。"这包含了"市场"、"客户"、"产品"、"品牌形象"、"股东"、"员工"等使命内容,同时,表述中也体现了中集集团的价值理念"健康发展和持续增值"。在对愿景的表述中,中集集团的表述是:"世界一流的现代化交通运输工具和相关服务的主要供应商",未来的目标十分明确。

应该说,一个完整的企业使命,应该涵盖以上要素,但由于语言的局限,使得任何一个企业在采用"笔力精悍"的语言表述"使命"时,难以面面俱到,只能表达重点。又由于交通企业涉及的产业方向、业务领域较广泛,因此,在交通企业使命的表述上,我们只能围绕发展交通事业和提供交通产品这个主线,采用相对概括的表达方式提炼交通企业的使命。

通过以上介绍,我们认为经过整合、提炼后的交通企业使命应为"承运社会需求,履行国民责任,实现企业价值"。

交通企业存在的意义和价值是要为社会、为最广大的人民群众和各类交通产品的直接消费者,提供最优秀的产品或服务;而优秀的产品或服务需要我们全体交通企业人"万众一心,共同努力"去开发、去创造。

我们期许,通过大家共同努力创造的交通产品,能够改善和美化这个世界,能够给人们的工作学习带来便捷和效率,能够给人们的生活增添无穷无尽的快乐。这就是交通企业和交通人极高的目标追求。

二、交通企业核心价值观

(一)企业核心价值观

企业的核心价值观是由企业全体员工努力追求的最高目标、最高理想,而共同表现出来做人、做事的最高价值选择,是对人、对事、对物的最高价值判断标准。因此,企业的核心价值观又可以理解为企业全体员工的共同信念或共同信仰。

之所以提核心价值观,是因为任何企业对有价值的对象不会只有一个,如资金、基础设施、政策、先进理念、人才等对企业的发展都有重大的价值;而且企业的价值也不会只有一种,如创造岗位、服务社会、创造精神产品、培育人才、实现组织和员工共同发展等都是组织存在的价值和意义。

众多的价值对象和企业本身所具有的多种价值组成了企业的价值体系。但是,在很多时候价值体系中的各个价值常常不可兼得,必须对多种价值作有取舍的选择。企业文化建设的核心内容,就是要明确价值体系,找出最高价值,提炼出核心价值观。并且,在核心价值观中体现出来的看法,必须贯穿到所有的价值对象之中。

通过对以上概念的分析可以这样认为:

有了共享的核心价值观,就如同获得了强盛的生命力;有了共享的核心价值观,就有了追求的目标。核心价值观是企业系统基本的和长期奉行的宗旨,作为一种共同的群体意识,它决定了企业全体员工特有的价值取向、追求目标和行为规范。因此,它是企业文化的核心内容,是企业全体员工生存和事业发展的基础,更是交通企业全体员工追求成功的动力和明确的发展方向。

(二)交通企业核心价值观要素

在样本企业核心价值观的表述中,对价值观要素有多元化的选择取向。但是,居于核心地位的价值观,主要集中在对"发展观"、"诚信观"、"人本观"和"奉献观"等四个方面。居一般地位的价值要素除"服务观"和"客户价值"的选择频次相对较高外,在其他价值要素的选择频次上没有明显的差别。

在对价值观要素典型表述的分析中发现:在社会及企业文化的研究中,被十分推崇的几种典型的价值观,如对员工价值的认识(人本理念、人才观),对发展的认识(创新观、和谐观、形象观),对利益相关者的认识(顾客、股东)等在交通企业选择的价值观要素中有比较明确的表述。但在对经济利益的认识(利润、效益)要素表达得并不突出,只有中远航运公司等极少数企业把"经营效益最大化,公司价值最大化,股东回报最大化"作为企业的核心价值观,很少有其他企业开宗明义地把实现利润和效益的最大化作为企业的核心价值观。

市场经济要实现的一个最重要的价值目标就是企业要从"生产经营型、产值最大化"转向"资产经营型、利润最大化",在实现企业生产经营利润及经济效益最大化的基础上体现对社会的价值。因此,在市场经济环境中的交通企业价值观的重建要明确表达对经济利益的认识。

从对样本企业价值观表述的认识和理解中可以感觉得到,多数企业都在试图把自己"最有价值的亮点"展示给社会大众,以确保自己和产品在社会公众中的影响力,如青岛交运集团的"交的是朋友,运的是真情"、青岛路桥建设集团的"一路真情",都表明了"服务至上"的核心价值观。一个奉行"服务至上"的核心价值观的企业,一定会真正把顾客、产品消费者和合作伙伴的利益放在至高无上的位置上。奉献社会从奉献顾客开始,奉献顾客就是奉献社会,奉献社会就是奉献"真情"。在现实的市场生态环境中,把"真情——服务至上"的核心价值观作为最高目标并努力追求的企业,更容易获得社会广泛的认同和认知。

很显然,样本企业对"发展观"、"诚信观"、"人本观"、"奉献观"、"服务观"、"客户价值"的认识,更多的是基于发展的考虑,选择的是"社会使命至上"的核心价值观,符合交通企业的社会价值定位和行业属性特征,与精神、愿景和使命相适应、相一致。

当然,样本企业的众多的价值要素的表达中,也存在以下语言表达不正确的问题,如词语搭配不当,乱罗列的现象比比皆是。典型的表述,如"创新进取、团队精神、诚信正直、求是立业、诚信忠实、严谨勤俭、创新一流、忠诚服务、拼搏奉献、和谐创新、诚信敬业、感知责任"。

还有部分样本企业,虽然体现了一定价值观,但把属于行为范畴的词作为企业价值的表述语言,如"讲感情、讲信誉、讲效率、高效、持续改进"。语言要素的使用与概念不符,影响人们对价值观正确的认知。

在对样本企业完整的价值观的表述研究中发现,如果按各类价值的取向进行分类,能够更加清晰地观察样本企业对价值观的选择取向。尽管样本企业对价值观因素有多元化的选择,但是在完整的表述中大致可以纳入以下框架中进行分析。

选择以社会价值取向为主的企业,其价值观基本上是围绕企业对社会的责任这一命题表述的。如中交一航局提出的"浇注精品,发展企业,奉献社会,造福员工"的核心价值观,就系统地表明了一航局社会使命至上的价值观。"浇注精品"既是企业行业属性特征的形象表述,也是企业的价值宣言,因此,可以认为"精品"是一航局的质量观;"发展企业"与"浇注精品"构成了互为因果的价值关系,即:"浇注精品是为了企业的健康发展,发展企业必须要靠精美的工程质量"。"发展"是一航局的发展观;"奉献社会"是一航局人的价值追求和最高价值,有了这个最高价值,一航局人就能够处理好获取巨大的经济利益与服务回报社会的关系。"奉献"是一航局人的世界观;"造福员工"也是服务社会,实现"员工价值"的直接体现方式,没有员工的发展目标,企业提出的价值目标就不可能实现,有了这个目标,一航局提出的核心价值观才算完整。因此,"造福"是一航局人的"人本观"。以"浇注精品"为出发点,以"发展企业"为使命的发展观,以"奉献社会"为落脚点的世界观,以"造福员工"为目标的人本观"构成了一航局的核心价值观体系。

选择以人为本价值取向为主的企业,其价值观基本上是围绕企业与员工的关系进行表述的。由于企业是由人组成的,企业的生产经营活动是人的活动,实现企业的战略目标取决于企业全体员工的共同努力。因此,企业在发展的同时也必须把员工的发展摆在同等地位。如天津港"发展港口,成就个人"的核心价值观表明了企业与员工互为因果的价值关系,"企业的发展依靠员工的努力,员工职业生涯的成功也依赖企业的发展"。在这一价值关系中,企业与员工的利益是紧紧联系在一起的。也正因为天津港奉行的人本价值取向,才使天津港形成了"企业关心员工,员工奉献企业"的非常和谐的劳动关系。

选择以服务价值取向为主的企业,其价值观主要是围绕"企业与顾客、用户、服务对象"的价值关系进行表述的。如广州北环高速公路有限公司"让过往司机更满意,为愉快生活而工作"的核心价值观也是典型的"服务至上"价值观的生动表述。在与"司机"的价值关系中,北环人把自己的"愉快"与过往司机的"满意"联系在一起,形象鲜明地表明了"我们生活和发展的基本条件",有了车、有了过往司机的满意他们的工作才富有价值,生活才丰富多彩;为了愉快的生活,必须让顾客更加满意。这就是北环高速的价值追求。

尽管样本企业对经济价值的取向表达不够明确,但选择以经济价值取向为主的企业,其价值观主要表明了企业对经济效益的看法。如中远航运公司提出的三个"最大化"(经营效益、公司价值、股东回报)的价值观,即是比较典型的以"经济效益"为核心的价值观。虽然"公司价值最大化"的内涵比单纯的"经济效益"的内涵要丰富,但公司存在的最大价值还是要创最佳的经济效益,在创最佳经济效益的前提下,实现企业的社会价值,如奉献社会、服务顾客、关心员工等。

在市场经济环境下,企业作为社会的经营性组织,必然要把创最佳的经济效益作为头等大事。在正常的情况下,社会和相关利益者评价和衡量企业的标准,就是看企业所创造的经济效益和对各自经济利益回报的数量。

(三)不同类别交通企业核心价值观

不同类别的样本企业对价值观要素选择的排序有一定的差别。港口类企业对"人本观"和"发展观"两个要素的选择频次最高;工程建设和水运类企业对"诚信观"和"发展观"两个要素的选择频次最高;道路运输类企业选择"服务观"的频次最高;高速公路管理企业则选择"人本观"和"股东价值"的频次最高。

导致不同类别的交通企业对精神要素选择差别的主要因素既有典型类别企业的特征,也有主观认知的差异性,主观认知的差异性是主要因素。由于相当部分企业对核心价值观的表述根本不是基于对"核心"的认识,将社会普遍推崇的几大重要的价值观统统列入企业的核心价值观,典型的表述如"社会价值高于经济价值,人的价值高于物的价值,团队价值高于个人价值,长远价值高于近期价值"。也由于部分企业对核心价值观概念的理解有误,所提出的价值观根本不具备真正意义上的价值属性,即便具备一般意义上的价值属性,但也并不是本企业真正推崇的核心价值观。

因此,在企业核心价值观的概述中就应有完整的阐述。在现实经营环境中,企业本身就具有多种价值和面对众多的价值对象,这就构成了企业的价值体系。但是,在很多时候价值体系中的各个价值常常不可兼得,必须对多种价值作取舍。核心价值观就是企业选取的最高价值,贯穿于所有价值对象之中。

多数样本企业提出的价值观既看不到"核心",也体验不到什么是企业的最高价值,多价值因素的罗列和重叠,反而使核心价值观凸显不出来。语言锤炼不精、个性特征不鲜明的问题也是交通企业核心价值观提炼中一个不容忽视的问题。

尽管如此,通过对不同类别企业价值观表述的研究,还是可以基本看出不同类别的企业选择的核心价值观,以及某些类别企业的典型特征在港口类企业选择的众多价值要素中,人本价值的取向占十分突出的地位,从港口类企业选择的价值观要素的排序结果也可以看出,"人本观"居各要素的首位。在具体的表述中,"发展观、奉献观、诚信观"等其他价值要素基本上也是围绕"人本至上"的价值观进行表述的,如前面分析过的天津港的"发展港口,成就个人"、深圳港的"以客为尊,以人为本,团队精神,诚信正直,未雨绸缪,回馈社会"、营口港的"以人为本,以诚为根,以和为贵,以新为魂"等企业的核心价值观尽管也表达了"发展、诚信、奉献、客户"等多种价值要素,但基本是围绕"人本"的价值关系进行表述的。由此,可以认为"人本至上"的价值观是大多数中国港口企业选择的核心价值观。

从工程建设类企业具体的价值观的表述可以明显地感受到"诚信至上"的价值观占核心地位。如中国交通建设集团的"诚信服务,优质回报"、中国路桥集团的"以诚信为本,承诺我们的社会责任;以质量为本,提供客户满意的服务"、中交二航局的"诚信共底,拼搏奉献,持续改进,超越自我"等核心价值观即是比较典型的"诚信至上"价值观的表达。虽然,这些企业的价值观也有"奉献"、"人本"、"服务"等多种价值观要素的表述,但"奉献、人本、服务"等价值要素在这些价值观的完整表述中与"诚信"都构成了比较完整的价值关系。选择"诚信至上"的价值观,可以有效帮助交通工程类企业拓展发展空间。

发展观、诚信观、客户价值、股东价值、服务观是水运企业的价值观表述中选择频次最高的要素。透过对水运企业价值观表述的认知可以发现,虽然"发展观"在水运企业价值观的表述中频次最高,但并没有处在核心价值的位置,相反,从这些表述中明显地感受到典型水运企业"客户至上"的价值观占核心地位。如广州远洋运输公司和青岛远洋运输公司的"服务客户最优,回报股东最大"、长江航运集团的"诚信忠实,和谐关爱,严谨勤俭,创新一流"、广州越洋船务公司的"客户至上,信誉第一"等核心价值观主要是围绕核心价值"客户"进行的。"发展、诚信、股东、服务"等诸多要素也渗透着"客户至上"的理念。由此可以认为"客户至上"的价值观是目前中国水运企业选择的核心价值观。选择"客户至上"的核心价值观也与水运企业的业务发展战略相适应。

透着"人本"理念的"服务至上"的价值观在道路运输企业价值观表述中占有突出的位置,如青岛交运集团的"交的是朋友,运的是真情"、邯郸交运集团的"服务公众,回报社会"、山西晋城汽车运输公司的"您的满意是我们的心愿"等核心价值观都是"服务至上"价值观的典型表述。箴言式的表达,简洁、明了,有个性语言的特色。

即使是对价值观有多元表述的贵州省水城汽车运输公司的"遵纪守法,取信于政府;竭诚服务,取信于用户;高额回报,取信于股东;提高报酬,取信于员工"的价值观,从中还是可以看出作为价值对象的"政府、用户、股东、员工"与价值主体"竭诚服务"构成的价值关系。因此,应该有理由认为"服务至上"的价值观是中国道路运输企业普遍奉行的核心价值观。道路运输企业选择"服务至上"的核心价值观符合道路运输企业业务发展的形态,与绝大多数企业选择的发展战略相适应。

"人本观"和"股东价值"是高速公路管理及运营企业价值体系中的两大最重要的价值主题。从典型高速公路企业提出的价值观中也可以清晰地感受到这两大价值主题所处的位置,如广州东南西环高速公路有限公司的"实现股东效益价值,实现员工人生价值,实现企业社会价值"、广东高速的"以人为本,以路为业,服务社会,回报股东"等核心价值观基本上是围绕"人本"和"股东价值"进行表述的。虽然这些企业的价值观还包含了"客户、员工、社会、服务"等多种价值要素,但这些价值要素还是可以归入"人本观"和"股东价值"之中。

由于"人本"理念是当今社会普遍奉行的价值观,让"人本"理念渗透到企业经营管理的各个方面是中国高速公路管理及运营企业不懈的追求。因为我国的高速公路特殊的发展方式使得各高速公路管理及运营企业在规定的期限中必须更快地实现投资回报。因此,选择"股东价值至上"作为核心价值观也许更符合高速公路管理及运营企业的公司治理结构和公司制度的安排。

交通产品类企业因经营业务及发展领域不同,在价值观的选择上也有一定的差别。如中集集团的"诚信为本,客户至上,简明高效,创新无限,尽心尽力,尽善尽美"的价值观,基本是以"客户至上"价值观为核心的,与"诚信"和"完美"构成了符合中集集团发展战略的价值关系。

大众交通的"一切为大众"的价值观是比较典型的"社会价值至上"的核心价值观的选择表达方式,富有个性,简洁、有典型业务领域的特征。中交第一公路勘察设计研究院的"服务交通,奉献社会"也是典型的"社会价值至上"的核心价值观的选择。

(四)核心价值观提炼

通过以上对交通企业核心价值观的实证研究和国内外著名企业的核心价值观的研究分析,可以基本得出这样的结论:任何企业都面临多重价值的选择也都有自身的价值所在,但企业在追求成功和发展的过程中所遵循的核心价值观是恒久的难以改变的,它贯穿于企业的所有价值之中。在很多情况下,企业的核心价值观所体现的价值要素有可能是相同的,但企业选择实现相同价值的方式千差万别。选择共同发展目标的企业,能够寻找到共同的价值观。

通过以上分析可以基本明确交通企业核心价值观提炼的一些原则和方法。尽管众多的交通企业面临无数的价值选择,但交通企业对社会和我国交通事业发展的价值目标是一致的。因此,交通企业应该有自己共同的核心价值观。

通过对样本企业核心价值观的分析研究,居于核心地位的价值要素主要集中在对"发展观"、"诚信观"、"人本观"、"奉献观"、"服务观"和"客户价值"等六个方面,而且这六个方面的价值要素都体现了"社会使命至上"的价值理念。很显然,交通企业选择"社会使命至上"的核心价值观是符合交通企业的社会价值定位和行业属性特征的。但是,从更大的范围看,"社会使命至上"的价值观也是当今绝大多数企业普遍奉行的价值观。因此,在坚持"社会使命至上"的价值观的同时,要确定交通企业的核心价值目标,而这个核心价值目标应该说是交通企业持续发展都难以改变的价值观。

根据交通企业在济济社会发展中行业属性特点——"服务国民经济和社会发展全局,服务社会主义新农村建设,服务人民群众安全便捷出行",我们认为中国的交通企业可以有各种各样的价值选择,但恒久不变的价值即是"服务"。因此,围绕这一行业的社会属性和价值特征来确定交通企业的核心价值观应该更加容易获得广大交通企业广泛的认同。

我们认为,经过提炼和整合后的企业核心价值观的完整表述应为:"竭诚服务,满足社会"。

服务社会、服务交通、服务大众是交通企业存在的价值所在;"竭诚"也是交通企业服务社会、服务交通、服务大众的行为所在,只有"竭心诚意",服务才具有现实价值的意义。在交通企业的经营实践中,广大交通企业对"竭诚服务"有着非常深刻的理解和广泛的认同。

"满足社会"是"竭诚服务"核心价值内涵和价值对象的延伸,交通企业要实现"创一流"

的强企之梦,必然要选择创新的经营方式,完成向现代服务业的转型。

"满足社会"还体现了企业关注员工发展的社会责任。一个企业,特别是把"竭诚服务"作为核心价值观追求的交通企业,只有关心、尊重、理解员工——以人为本,员工才能建立起符合"竭诚服务"价值观要求的行为方式,服务社会、服务交通、服务大众才能够落到实处。因此,"满足社会"的理念和"海纳天下"的胸怀,能够确保所有交通企业做强、做大和可持续发展。

用"竭诚服务,满足社会"作为交通企业的核心价值观,具有恒久不变的价值特性,强化了"通行天下,图强报国"的企业精神。

思考与练习

1. 什么是企业的使命?交通企业的使命是什么?
2. 企业对使命的表述不尽相同,但归纳起来大致有哪几种?
3. 试分析不同类别交通企业使命的特点。
4. 简析"承运社会需求,履行国民责任,实现企业价值"的含义。
5. 什么是企业的核心价值观?核心价值观的意义是什么?
6. 试分析交通企业核心价值观的要素。
7. 简述不同类别企业的核心价值观。
8. 试分析"竭诚服务,满足社会"的寓意。

第三章 交通企业文化建设现状

21世纪,企业文化将逐渐成为企业核心竞争力的重要组成部分,并以其不可复制的优势,展现企业差异化战略或交通产品的魅力。中国交通企业担负着服务大众、奉献社会的历史使命,探讨交通企业文化建设现状,提升企业软实力作用,对于促进交通企业良性、健康发展具有深刻的历史意义。本章针对中国交通企业文化建设的现状及问题进行了系统阐释和分析。

一、交通企业文化建设基本特点

(一)企业文化已经成为经营战略的思想保障

通过对样本企业中单位样本的调查发现,认为企业文化已经成为本企业经营战略思想保障的比例高达61.4%;选择"部分成为"的比例为21%;选择"没有成为"的比例为17.6%。调查结果一方面证明了企业文化在企业发展中的作用较大,同时也表明了企业对文化建设的务实态度。但选择"没有成为"的比例也相对较高,说明部分企业的文化建设工作还比较薄弱,文化没有与现实的经营及战略挂钩。

但在对典型企业的现场调查中发现,几乎所有的企业都有自己的价值理念,而且要求自己所倡导的价值理念成为指导企业发展和规范员工行为的坐标。

在天津港石化码头,企业文化实际上已经发展成为企业的灵魂。在访谈中我们能够从干部和职工的举止言谈以及他们的工作现场感受到他们提倡的:"以人为本,欲事立人;诚信为本,和谐发展;互尊互助,崇尚科学;创新进取,追求卓越;知荣明耻,勇于承担;同心协力,尽职尽责"的价值理念在影响着企业的经营行为和员工的行为方式。员工在价值理念上能够认同企业制度安排及企业的战略选择,并以符合企业制度安排及战略选择的价值理念来指导自己的行为。渗透了企业文化的经营和管理模式,帮助他们成功地拓展了具有文化整合意义的企业全套经营及管理的服务输出业务。

(二)企业文化已经成为企业创新的理念基础

我们对交通企业文化建设动因的调查,是从对案例的研究中提取的。调查中发现,多数企业进行文化建设的动因,是基于企业环境(包括竞争环境)、改制、经营战略的调整等,需要进行企业思维的创新,而企业文化建设,恰恰能够帮助企业获得全新的理念和统一的意志。

一般来说,企业在发展的关键时期,都会产生变革企业文化的动因。抓住关键时期进行企业文化建设,能够帮助企业找回或重新塑造自我,实现新的发展目标。从这一意义来理解交通企业的文化建设,它在帮助企业完成价值重构的同时,也会成为企业观念创新和制度创新的动力,从而推动企业经营理念的创新和企业健康发展。

因此,企业文化也是交通企业经营活力的内在源泉。企业有活力,员工就有创造力,员工有创造力,企业就能更快发展。

（三）企业文化在企业发展中的作用

在所有调查的个人样本和单位样本中，认为企业文化在企业发展中所起作用的比例分别为45.2%和58.4%；认为作用比较大的比例为27.4%和23.6%；认为作用一般的比例分别为23.8%和15.3%；认为作用不大的比例分别为3.6%和2.7%。

从对六类样本企业单位填写问卷的调查结果看，认为作用大比例高的企业依次为：港口（53.4%）、水运（51.9%）、公路运输（48.7%）、工程（47.1%）、交通产品（44.3%）和高速公路管理及运营（40.7%）。尽管高速公路管理及运营企业认为作用大比例相对较低，但比较满意的比例相对较高（31.1%）。

调查结果一方面说明企业文化在企业的发展中确实起到了积极的作用，另一方面也说明企业文化的概念已被交通企业广泛地接受和认同。从对文献的研究中，我们也发现了相同的结果，在近几年企业领导人的讲话和企业的工作报告、规划中，"企业文化建设"都有专门的强调和计划安排，也是企业使用较高的词之一。

虽然，我们还不能对企业文化与企业经营业绩做相关性的分析和研究，但从对青岛交运集团"情满旅途"这一文化品牌的观察看，它所产生的社会影响和因品牌而延伸出来的巨大的市场空间，完全可以得出企业文化和业绩"正相关"的结论。因此，交通企业进行文化建设正逢其时。

（四）企业文化已经成为行为规范的约束力

在现场调查中，随机抽取部分员工进行了一道关于"企业文化作用"的开放式问卷的调查，要求每位被调查的员工根据自己的理解，写出两个以上企业文化的作用。

统计结果表明，在回收的87份有效问卷中，员工一共回答的17个"作用"的问题，选择最高的是"行为规范"（61%的选择率），其他依次是："活跃文化生活"（56%的选择率）、"改善企业环境"（47%的选择率）、"进行形象宣传"（41%的选择率）、"统一价值观"（32%的选择率），对诸如"凝聚、激励、导向、教育"等文化功能的选择率都不足20%。

调查结果揭示了企业文化建设中，员工对企业文化理解的一般规律是：

（1）员工对企业文化的理解更多地来自自我的体验。

（2）员工对企业文化的评价，表象的、感性的因素要大于抽象的、理性的因素。

由此，这也给交通企业文化建设几点启示：

（1）价值理念的提炼要尽量使用企业中员工熟悉的表述语言。

（2）用物化的方式强化企业的价值理念能产生意想不到的传播效果。

（3）企业的制度安排及对员工的行为规范要与企业提倡的核心价值观保持一致。

（4）企业文化的建设与价值理念的强化也要遵循"由表及里"和"由浅入深"的原则，寓文化于工作生活的环境中。

调查结果也从另一个角度反映出交通企业的文化还没有作用于员工的精神领域，文化建设仍处在表层和浅层的"初级"阶段。因此，交通企业文化建设任重道远。

（五）企业文化已经成为构建和谐交通的推动力

构建和谐交通是和谐社会建设的现实需要，进入新世纪交通运输部就提出了"更安全、更便捷、更可靠、更经济、更环保、更和谐"的发展理念,这一发展理念所体现的核心价值就是构建和谐交通。广大的交通企业就是在这一背景下进行企业文化建设的。

对企业文化在构建和谐交通中的作用程度的研究,也是通过对单位问卷的方式完成的。统计结果表明,在被调查的样本企业选择回答的4个维度中,多数企业认为本企业的文化"能够"有效地推动和谐交通的建设(57.7%);认为"能,但有差距"的比例为22.7%;认为"有点"的比例为16.5%;认为"没有"的比例只有3.1%。

调查结果在很大程度上印证了我国交通企业认同和支持"和谐交通"的发展理念,企业文化建设已经成为构建和谐交通的重要推动力。从近年来我国交通企业在文化建设中取得的丰硕成果,以及这些成果在我国经济社会的发展中所产生的影响,足以得出"企业文化已经成为构建和谐交通的推动力"的结论。

(六)品牌建设已经成为交通企业文化耀眼的标志

品牌建设是企业文化建设的重要内容,凡是优秀的企业都非常重视品牌文化建设。总体上看,我国交通企业文化建设中的品牌建设,与树立良好的交通企业形象和企业及员工的期望还有一定的差距。

在企业及员工对品牌建设的满意度评价的4个维度中,企业样本选择"满意"和"不太满意"的比例都相对较高(34.41%和31.80%),而且这两个维度的差别不大;在"比较满意"和"不满意"这两个维度的选择比例上也没有差别,满意度比例分别为17.42%和16.37%。企业和员工对品牌建设的满意度评价有一定的差距。员工对品牌建设"满意"评价的比例低于企业的评价比例,但选择"比较满意"的比例相对较高(31.31%)。

调查结果在一定程度上说明,我国交通企业品牌建设的发展水平不平衡,特别是在激烈竞争的市场经济中,品牌已成为企业产品、商品、服务质量的重要组成部分。在产品、商品、服务质量相同的情况下,企业品牌的影响力就成为竞争成败的关键性因素。特别是我国的交通企业普遍把"国际化"、"国内一流"、"国内外著名"等作为企业的战略目标,品牌文化的作用就越来越重要。

虽然,问卷的调查结果反映了交通企业品牌建设的发展水平不太平衡,但是从现场调研的情况判断,许多企业在文化建设中已经注意并且重视品牌文化的建设。例如:积极利用各种宣传载体,传播企业的价值理念;打造体现价值理念的品牌形象;在产品及服务中渗透企业的价值理念。代表交通企业品牌文化建设成果的"情满旅途"、"一路真情"、"浇筑明天"、"用心伴行"的服务品牌,"振超效率"、"祥瑞精神"的交通群体形象品牌,"润扬精神"、"太旧精神"的工程品牌,已经在社会上产生了广泛的知名度和影响力。这些优秀的交通企业品牌已经成为交通企业文化耀眼的标志。

(七)重视文化积淀是交通文化建设的重要方法

对交通企业文化建设方法的考察,是通过对典型企业的调研和部分企业案例的研究完成的。研究发现,交通企业的文化建设采用的基本方法主要有以下4种:

(1)对企业的文化积淀进行整理、提炼。

(2)从我国传统文化的精华中寻找企业需要的要素。

(3)借鉴和参考同类企业的文化理念为我所用。

(4) 几种方法的结合或以其中一种为主。

当然,在 4 种方法的运用中,典型、孤立地采用一种方法进行企业文化建设的企业并不多。多数企业是在对本企业的文化积淀进行提炼的基础上,借鉴和运用了其他的方法。特别是发展历史较长的企业,本身就有丰厚的文化积淀,丰厚的文化积淀也是他们进行文化建设的主要动因之一。例如,天津港、青岛港、青岛交运、青岛远洋等企业文化建设的实践,就是学习和借鉴国内外优秀企业的文化经验,挖掘、整理和提炼企业文化的积淀,立足创新、突出个性的典范。天津港的"鼎"文化,青岛交运的"真情"文化,西汉高速公路有限公司的"路史"文化,北环高速公路有限公司的"平安"文化,金孔雀的"共生"文化等已经成为企业发展的重要根基,并产生了良好的经济和社会的双重效益。

因此,借鉴国内外优秀企业的文化经验,挖掘、整理和提炼企业文化的积淀,立足创新、突出个性,也是交通企业文化创新的突破口。企业文化建设只有将优秀文化积淀与社会先进文化融合,才能更加符合新世纪我国交通企业发展战略的需要。

(八)企业精神的塑造是企业文化建设关注的重点

对交通企业文化建设中重点理念情况的调查,是通过对 144 个样本企业明文提出的各种理念表述频次统计进行的。统计表明,样本企业文化理念表述的主要内容包括:精神、价值观、经营理念、使命、服务理念、愿景、管理理念、人才理念、作风、安全理念、廉洁理念、学习理念、道德、团队理念、信条或哲学等。在上述 15 个理念中,有企业精神表述的企业频次最高,达 101 家。

由于企业精神是企业文化特质中最富有个性和号召力的要素语言,因此它可以成为企业凝聚力的基础和发展的原动力。调查结果一方面说明绝大多数的交通企业,把对企业精神的塑造作为文化建设的重点;另一方面也反映出交通企业对价值理念体系的表述不是基于系统的思考。

随着中国的交通企业跨国经营和跨地区经营的不断发展,企业文化的作用将越来越重要。无论是企业还是员工个体,面对社会上形形色色的文化"侵犯"和多元价值的选择,只有靠共同的核心价值观和精神,才能使企业和个体紧紧地融合、凝聚在一起,同呼吸、共命运、同生存、共发展。因此,交通企业文化的传承、创新与发展,在重视塑造企业精神的同时,还要建立起共同的愿景和核心价值观。

(九)企业文化建设与精神文明建设高度融合

对 33 家案例企业和典型企业获得的各类荣誉的调查可知,企业获得的荣誉主要包括:与精神文明建设相关的荣誉,与党建及思想政治工作相关的荣誉,与生产经营(包括产品质量、信誉、品牌、发明等)相关的荣誉,先进单位称号等。

统计结果表明,样本企业获得的各类荣誉 46.13% 与"精神文明建设相关";16.12% 与党建及思想政治工作相关;21.24% 与生产经营相关;11.80% 是先进单位称号;4.71% 是其他荣誉。

在中国特色的企业文化中,精神文明建设占有极其重要的地位,也具有很强的生命力,并为广大企业高度认同。在许多交通企业的宣传资料中,常常把精神文明建设与企业文化等同处理,不可分割。主要原因有两个:

（1）因为企业文化和企业精神文明都具有相互一致、高度统一的价值要素，都同属于企业经营和发展的支持保障系统。

（2）企业文化建设与精神文明建设高度融合，有利于发挥企业文化建设的优势和传统，促进企业文化创新。

交通企业在多年的生产经营的实践中，积累的许多精神文明建设的成果和宝贵的经验，已经成为交通企业文化取之不尽的精神源泉。

二、交通企业文化建设存在的典型问题

（一）企业文化理论研究比较薄弱

整体上看，中国交通企业对企业文化理论的研究还处在起步的阶段，在行业内虽然也有过一些专门的研究，但大多数是以介绍经验和探讨企业文化的意义为主，真正有理论根据的定性研究和规范的实证性研究为数甚少。这就造成了在企业文化建设的实践中，理论研究滞后于企业文化发展实践的现象。致使许多交通企业在文化的建设中，难以准确定位企业文化与企业发展、企业文化与社会政治和传统文化等内在的逻辑关系。由于缺乏对企业文化本质的把握，导致在企业文化建设的实践中存在以下典型问题：

（1）在认识上，简单地把政治、社会道德和历史传统文化，把各类文学艺术形式和企业开展的各类文体活动作为企业文化。

（2）在实践上，企业文化建设中的责任和利益主体不明确或定位不清晰，企业文化和企业团队建设运行结合不密切，文化理念之间缺乏内在的同一性。

（3）在传播上，企业文化缺乏个性，因而社会的认知和员工的认同都受到影响，降低了企业文化的价值。

因此，进行中国交通企业文化的理论研究，可以对企业长期发展产生文化的推动力。

（二）企业文化建设不是基于系统的思考

样本企业对文化理念的表述不是基于系统的思考。在144家企业中，有企业精神表述的企业最高，但也只占样本企业的70.14%；有价值观（包括核心价值观）表述的企业占样本企业的57.64；有使命表述的占样本企业的54.17%；有愿景表述的仅占样本企业的43.06%；有经营理念和服务理念表述的企业，也只有56.94%和45.83%，其余的比例也较低。

企业文化理念的表达不完整，难以形成完整的企业文化理念的识别系统，影响企业文化的系统实施。

（三）企业文化与发展战略不结合

在144个样本企业文化理念的表述中，有明确的企业发展战略表述的企业仅有5.56%。调查结果一方面说明交通企业的文化建设与发展战略的关联程度不高；另一方面也说明企业文化建设不是基于战略需要的思考。仅有泛泛的文化理念，与战略脱节或关联不大，容易导致企业在发展变革中成本高、阻力大。特别是对处在向"一流"迈进的交通企业，变革与流程再造是企业发展中的重大课题。在这个发展的关键期，缺乏与发展战略相适应的企业文化的支持，必然会导致员工迷惘、迟疑而不愿跟进，影响企业变革的成效。

（四）文化理念表达方式缺乏准确和个性

相对部分企业的文化理念仍然停留在标语式的口号上,典型的表现有:

(1)企业提倡的价值观与企业应该选择的经营行为不符,许多企业对价值观的表述采用社会普遍的价值观,忽略企业存在的价值。

(2)由于企业对文化的相关概念的理解有误,致使在理念的表述上,遣词不准确,语意与所表达的理念不符,影响企业文化的传播效果和人们正确的认知、理解。

(3)制度设计与企业文化提倡的价值观不匹配,导致企业文化与制度两层皮现象。

(4)企业总部中各分、子公司业务战略的选择与发展方式的选择等不一致,还没有完全实现母、子公司企业文化的对接。

（五）企业文化理念的宣导不尽人意

对企业文化的核心理念的宣导情况的了解,也是在典型企业调查中随机抽取74名员工进行现场测试获得的。试题为该企业的核心价值观、企业精神、愿景、经营理念、服务理念等,让员工在纸上作答。观察测试对以上理念能够默写出来的比例,判断企业文化理念的宣导情况。

以上结果反映了企业文化理念宣导工作环节薄弱。企业的文化理念如果不能"入耳"、"入脑"、"入心",就不会成为影响和改变员工行为方式的精神力量。

三、员工对企业文化现状的满意度评价

（一）总体满意度评价较高

对307份有效问卷的统计结果表明,全国交通企业员工对企业文化建设现状总体满意度较高,满意度均数为5.62。其中:港口类企业员工的满意度最高,满意度均数为5.83;交通产品类企业员工满意度相对最低,满意度均数为5.31。

在对精神、制度、行为、物质等4个层面文化的满意度调查中发现,员工普遍对企业精神、核心价值观、厂容厂貌和行为层面的服务理念、企业作风、岗位规范等项目的满意度评价较高,满意度均数都明显高于总体满意度均数,为5.62。但对制度层面的分配观、绩效观、人才观的满意度评价不高,满意度均数分别为4.61、4.74、4.98。

调查结果表明交通企业在文化建设中,对精神和行为层面的内容比较重视,但对与报酬相关的价值理念的评价不高。员工对分配观不满意,主要来源于对企业现行的分配制度的不满意。

在对企业制度与环境的满意度调查中发现,员工对"报酬及福利"和"成就感与发展"最不满意,满意度均数仅为3.85和4.02。但对"人际关系"、"企业培训"的满意度比较高,满意度均数分别为5.84和5.76。

在对不同学历员工的满意度分析中发现,本科学历的员工对企业文化建设现状满意度最低,满意度均数为4.71;研究生及以上学历的员工满意度最高,满意度均数为5.71。

导致本科生满意度低的主要原因是"高期望"心理的影响;导致硕士研究生及以上学历员工满意度普遍高的主要原因与近年来交通企业普遍制订了引进高学历人才的政策有直接

的关系。

应该说,本科生是目前交通企业人才队伍中数量最多的群体,提高他们的满意度对未来中国交通企业的发展影响巨大。安排"挑战性"的工作,满足他们渴望获得职业成功的需要等是提高满意度的关键。此外,也要设法在思想上消除"过高期望"的心理影响。

尽管目前硕士研究生及以上学历员工对企业文化建设现状的满意度较高,但满足他们个体对未来发展的预期也仍然重要。特别是中国的许多交通企业都把创办"国际一流"和"国内一流"作为企业的愿景目标,保持和提高他们的满意度是实行企业战略和愿景目标的关键。

(二)员工对文化建设实施的满意度评价不高

在与企业文化建设实施相关的4个调查项目中,满意度均数都没有超过总体平均水平。相对而言,员工对"企业的文化氛围"的满意度较高(5.58),接近总体平均(5.62)水平。其他3个项目的满意度评价依次是:"企业文化宣传的力度和方式"满意度均数为5.44;"文化建设的推动"满意度均数为5.32;"文化建设的保障措施"满意度均数为5.27。

总体上说,虽然员工对企业文化建设实施的满意度评价不太高,但结果也一定程度上表明,交通企业良好的文化氛围正在逐步形成,但加大企业文化建设的力度刻不容缓。因为员工在与企业共同发展中,有积极增长的文化需要,一个有远大理想的企业就应该设法满足员工的文化需要。况且企业设施文化建设工程也是每一个发展中的交通企业的迫切需要。

(三)员工对服务客户的态度和原则满意度高,但对人才制度的满意度低

在与管理环境及制度相关的6个项目的调查中,员工对服务客户的态度和原则的满意度最高,均数为5.98。但在"用人制度"和"人才选拔程序、方法"这两个与人才相关的项目上的满意度评价较低,满意度均数分别为4.70和4.64。对"各项规章制度、制度实施效果和合理化建议处理"的满意度评价均数分别为5.17、5.24、5.41。员工对企业在"服务客户的态度和原则"上的满意度高,一方面表现出交通企业服务性产业的基本特征,另一方面也反映了交通企业"客户至上"的价值观。员工对其他几个项目的满意度低,也说明了交通企业在制度建设上的不足。完善制度体系的建设也是交通企业文化建设中需要系统思考的问题。

(四)员工对企业的学习氛围感到满意

了解员工对企业培训的满意度评价,是通过企业"学习氛围"、"培训经费投入"、"培训制度保障"、"培训内容"和"提供培训机会"5个项目的满意度调查获得的。结果表明,交通企业员工对企业的学习氛围满意度评价最高,满意度均数为6.02。在其他4个项目的满意度评价中,员工对企业"提供的培训机会"满意度最低,满意度均数为5.46。

调查的结果表明,交通企业的学习氛围比较浓厚,但员工对企业提供的培训机会并不太满意。结果一方面说明交通企业比较重视对员工进行培训,员工也有较强的求知欲;另一方面也反映企业给员工提供的培训机会,还满足不了员工的求知和发展的需要。

此外,企业培训经费的投入也是影响员工对培训满意度评价的重要因素之一,完善企业的培训制度是改善和优化企业人才培育环境的条件。当大多数骨干交通企业,把"国际化"、

"一流"作为企业面向未来的发展方向,人才对实现企业战略目标的作用日益重要,造就高素质员工已经成为交通企业参与知识经济时代竞争的必然选择。在这个不断变化的、不确定的、竞争激烈的市场环境中,企业唯一长久的竞争优势,就是比对手学习得更快的能力。因此,加强对员工的培训工作,也是企业战略选择的迫切需要。

(五)员工对报酬及福利的满意度评价最低

员工对报酬及福利的满意度评价最低。在对报酬及福利满意度调查的4个项目中,员工对目前的工资收入满意度评价最低,满意度均数仅为3.87。对企业的福利待遇的满意度评价相对较高,满意度均数为4.08。对企业报酬奖励的公平性和薪酬制度的满意度评价均数也只有3.92和3.97。

导致员工对报酬不满意的原因:一方面是受社会上普遍存在的对分配制度不满意的"从众"心理的影响;另一方面也比较客观地反映了企业薪酬制度的设计还不能够体现"公开"、"公平"、"公正"的原则。薪酬分配还不能够充分反映个体的业绩、能力和贡献。从对典型企业的薪酬制度的调查中发现,多数企业的薪酬制度基本上还是在传统的、国有企业的分配模式的基础上的调整。如果说近些年企业在薪酬制度上有比较大的突破的话,也只是局部的与市场对接,而不是基于整体的系统思考。在许多情况下,员工对薪酬不满意,并不是收入绝对值的多少,而是认为制度的不公平。因此,建立科学、规范、公平、公正,体现个体能力、贡献的薪酬制度,可以消除企业在分配上的不公平不合理的现象。

(六)员工对成就感相对满意,但不满意目前的社会地位

对个体的成就感与发展的满意度评价,是通过"工作中的成就感"、"工作中能力和特长的发挥"、"目前的社会地位"和"提供展示才能的机会"等4个项目的调查获得的。统计结果表明,员工对工作中的成就感相对满意(满意度均数4.27),但不满意目前的社会地位(满意度均数3.64)。在对"企业提供展示才能的机会"和"工作中能力和特长的发挥"的评价中,满意度均数也不算高,分别为3.81和3.96。

调查结果一方面说明了我国交通企业的发展前景有助于实现员工个体的理想和人生目标,但满足企业发展需要和员工个体发展需要的职业生涯管理相当薄弱;另一方面也反映了相当数量的员工并没有把企业愿景和自我人生目标的实现有机结合起来,"官本位"的思想和社会"贵贱之分"的职业观念仍然影响员工对自我社会地位的评价。

因此,如何引导员工通过对个体的职业理想和人生目标在企业中的实现来评价自我社会地位:一要靠社会的正确认知;二要靠企业文化建设和思想政治工作;三要靠企业的愿景来规划企业的发展战略。因为,只有企业发展目标明确,才能吸引和凝聚员工共同发展;只有员工有正确的职业认知,才能够激发他们对理想和人生目标的不懈追求,才能感觉到服务交通、奉献交通对个体职业生涯发展的价值。

(七)员工对同事之间的人际关系状况最满意,但对干群关系现状评价较低

通过对企业干群关系现状满意度、同事之间的人际关系状况满意度、同事之间的工作配合与协作满意度、自己及周围同事的工作质量满意度、自己及周围同事的工作效率满意度的调查,员工对同事之间的"人际关系状况"和"同事之间的工作配合与协作"两个项目的满意

度评价最高(5.98 和 5.95),但对干群关系现状的满意度评价较低(3.86)。员工对"自己及周围同事的工作质量"和"自己及周围同事的工作效率"两个项目的满意度评价,在不同职务类别的员工之间有明显的差别:担任企业领导职务的人员的满意度评价较低(4.73 和 4.67);普通员工评价较高(5.71 和 5.66)。

导致干群关系满意度低的原因,既有企业制度公平上的问题,也有观念和认识上的问题,还有干部和员工工作中行为方式的调整问题。由于干群关系是企业中最重要的人际关系类型,良好的干群关系可以营造融洽、和谐、稳定的组织气氛,促进工作效能的提高,因此,在交通企业的文化建设中,必须尽快消除影响干群关系发展的思想、观念和行为障碍,让他们在一种相互帮助、相互支持、尊重互信的企业环境中发展干群关系,确保工作任务和企业目标的顺利实现。

导致不同职务人员对人际关系各项评价差异的原因,既有企业制度和工作流程的因素影响,更有职务角色因素的影响。如领导者的高期望导致对自我或同事的工作质量、工作效率的满意度较低;而其他员工感受最多和最直接的是工作质量、工作效率的问题,满意度评价自然要高。

现场调查中的一种感受是:调整改制中的企业、劳动密集型企业和人员流动大且配置非制度化的企业,人际关系的气氛似乎没有港口、工程等传统交通企业和谐。

(八)员工最期望的情景是个人价值的实现

在假设性的问题调查中发现,在 6 个被选答案中,员工最理想的 3 种工作情景依次如下:能充分发挥个人聪明才智,事业上能取得成就,经济收入一般(43.63% 的选择率);领导体贴下属,同事关系融洽,经济收入一般(37.26% 的选择率);优厚的经济收入,但工作较辛苦,社会地位较低(31.07 的选择率)。

交通企业的员工看重的是"个人价值的实现"、"融洽的上下级人际环境"和"优厚的经济收入,但工作较辛苦"。"工作的安全、舒适"和"职业的社会声望"在调查中并没有被员工看作是最期望的工作情景和个人最需要的因素。

这一结果比较符合交通企业员工职业心理和职业发展需要、个体经济诉求的一般规律,同时也反映了交通企业员工的职业价值导向和利益诉求倾向。交通企业员工有选择接受艰苦的工作环境,以获得优厚的经济收入的愿望。这一结果与国内学者调查科技型企业员工的职业心理有较大的差别。

充分考虑和尊重员工的这种合理的需要,保护好员工的这种职业价值导向和利益诉求倾向,是企业文化和制度建设要充分考虑的问题。

(九)员工最担心管理者对自己的工作不能公正评价

在 10 个假设性的被选答案中,员工最担心的 3 种工作情景依次如下:管理者对自己的工作不能公正评价(41.71% 的选择率);分配制度不合理,不公平(38.22% 的选择率);与管理者意见不合,矛盾很大(32.55% 的选择率)。

以上交通企业员工的 3 种担心,与员工最期望的 3 种工作情景相互对应,构成了交通企业员工在工作中渴望得到领导的公正评价、渴望获得合理的报酬、渴望与领导者的关系融洽的心理要求。

从中可以看出,员工最担心的工作情景的选择,主要源于对个人价值认可的渴望。由于在组织环境中,个人价值的认可主要是由上级管理者来评价的,所以管理者对自己的公正评价,就成了事实上的对自己的价值的认可和重要标准。如果管理者对自己的评价没有达到自己的期望,自己又与管理者有意见分歧,个体更会产生失望或失败感。这一结果也符合组织行为中"干群关系"的一般心理规律。

消除员工这一紧张心理的有效办法是:

(1)营造制度导向型的企业文化和人际氛围,着眼于企业的制度评价,减少人为因素的评价带来的偏差。

(2)在正确认识干群关系的基础上,调整好工作中的行为方式。

(3)领导者和被领导者也要学会正确看待评价和被评价。

(4)矫正自我发展中对人际关系的高期望,重新审视自我,正确评价工作业绩、价值取向和发展道路,以一种积极的心态面对组织中各种复杂的人际关系。

(十)吸引员工的主要因素是工作的稳定

在吸引员工在本企业工作的9个被选因素中,员工选择率排前3位的因素是:工作稳定(47.05%的选择率);良好的人际关系(41.18%的选择率);较大的发展空间(23.53%的选择率)。

工作的稳定性、企业中良好的人际关系和较大的发展空间,是吸引员工在交通企业工作的主要因素。调查结果进一步印证了交通企业员工职业心理的一般状态和职业发展的需要现状,也比较具体地揭示了交通企业员工的一般职业价值导向。

同时,也从另一个角度表明了我国交通企业未来的发展空间对人才有足够的吸引力。

"良好的文化环境"没有成为交通企业对人的吸引力,一方面表明员工的职业心理需求正处在"生存向发展"的转化之中;另一方面也表明了交通企业的文化环境还没有成为对人才的吸引力因素。

思考与练习

1. 交通企业文化建设有哪些基本特点?
2. 交通企业的文化建设采用的基本方法主要有哪几种?
3. 请谈谈企业文化对企业发展的作用。
4. 企业员工对企业文化的理解给交通企业文化建设哪些启示?
5. 交通企业文化建设存在哪些问题?
6. 员工对企业文化现状满意度较高的有哪些?满意度不高的有哪些?
7. 员工最期望的工作情景有哪些?
8. 员工最担心的工作情景有哪些?这些担心缘何而来?

第四章　企业文化的历史探源

如果把企业文化作为企业的一种管理活动，从企业的创办之初即已经存在。寻找企业文化产生与发展的轨迹，可以帮助我们理解、把握交通企业文化产生和发展的基本脉络，从中找到交通企业文化发展的规律，从而更快更准确地找到交通企业文化建设的新思路。

一、企业文化理论的产生与发展轨迹

任何文化的发展与兴盛都有一个主体理性的认识和自觉把握的过程，企业文化作为社会的亚文化，其生成形态和理性表述必然与企业所处的社会人文环境、自然环境息息相关。因此，透过早期社会文化概念及其发展，有助于我们从主体文化的角度认识企业及交通企业文化。

(一)早期的文化概念

原始的文化概念的表述，主要是指促成人类身心发展、锻炼、修养的经验。在人类学的"文化"概念的表述中，文化是指人类社会发展的文明——艺术和科学，或培养、种植、栽培的活动，或文雅、修养、高尚的行为等。

在西方先哲的论述中，对文化有比较规范的表述：卢梭认为，文化是风俗、习惯，特别是舆论；威廉认为，文化是一系列规范或准则；后来的管理学家认为，文化是某个团体探索解决外部环境的适应和内部运行良好的模式。

虽然中国的圣贤们没有像西方先哲那样，对文化的概念有完整的表述，但他们把对文化的思考全部融入治国、治学、做人、做事的学说中。对我国后续的主体文化和企业文化的发展产生了很大的影响。

文化学中把文化定义为"社会群体精神及其表现形式"，并认为，自从人类出现有组织的活动以来，其组织成员就拥有了足够的共同经历，这些共同经历所产生的共同经验帮助人们对环境以及在此环境下所产生的行为模式形成共同的看法，这些看法就是我们要研究的组织文化。

其实，只要从人类活动的"文化"概念出发，去考察企业文化的本质，也有利于我们从企业生产经营活动的过程中去认识企业文化的发生与发展。

(二)文化学研究发展的三个阶段

从对文化现象的认识到作为一种比较系统和现代意义上的学说，文化学研究的兴起、发展仅有100多年的历史。这段历史，从19世纪下半叶起到现在，大约分为3个发展阶段。

第一个阶段为初始阶段，即精神文化阶段，时间是从19世纪下半叶至20世纪初。精神文化阶段对文化的认识，主要是从意识形态方面认识文化现象，偏重于把文化看成是一种人类精神现象——宗教、信仰、思维、语言、艺术等的反映。

第二个阶段为功能主义文化阶段,时间是20世纪上半叶,即在功能主义方法论指导下形成的文化学理论。功能主义是从社会结构、功能形态等角度进行研究的。功能主义文化阶段对文化的认识,是把人们对文化的认识从精神领域扩大到社会领域,从社会结构、功能形态、社区文化和人类经济活动的角度认识文化现象。

第三个阶段为当代文化发展阶段,即从第二次世界大战以后到现在。这一阶段有两个重要的特点:一是从文化视觉上看,由过去的注重研究文化的起源、文化的原始形态、文化的演进等转向对现代社会和工业文化的研究;二是研究者们采用了多种理论和方法来研究各种社会文化现象,对文化概念、范畴的认识也在不断地扩大,产生了很多的文化学分支,如社会文化学、艺术文化学、族群文化学、居住文化学、服饰及饮食文化学、教育文化学等。

20世纪60年代末,文化学研究又扩大到对组织文化的研究;20世纪80年代又将现代社会的经济组织的企业文化,作为文化研究的重要领域进行研究。因此,当代文化发展阶段,把对文化概念、范围的认识扩大到方方面面,包括物质、精神、制度、法律文化等。特别是把经济活动和企业文化作为文化现象进行研究,是这一时期文化学研究、发展的重要标志。文化学研究推动了经济社会的发展,经济社会的发展也为文化学研究的繁荣提供了现实的可能。这一时期也是企业文化理论形成的重要阶段。

(三)企业文化理论的产生与发展

1. 企业文化产生的早期理论

企业文化早期代表性的理论主要是韦伯的行政组织理论,又称"非人格化"管理。该理论认为企业中要合理划分组织目标,每个职务都有规定的权利和义务,按职务要求任用人员,有固定的薪金和升迁制度,有严格遵守的企业规章制度。在这个组织中,没有个人的目标,只有组织的目标;处理企业各种关系,只有靠"公事公办"才能使企业生存下去。

此外,法约尔提出的管理要素理论,又称"管理六职能、五要素、十四原则"。认为管理是技术、商业、财务、安全、会计六种职能活动之一,企业中的所有人员都要进行活动;要管理就必须依据一定的原则——计划、组织、指挥协调、控制帮助人员达到目的;无论是高层领导或是普通员工,都必须受纪律的约束,没有纪律约束的企业不可能兴旺繁荣。14条管理原则是:分工、权限与责任、纪律、指挥命令统一、尊重等级、个别利益服从整体利益、报酬、集权、等级系列、次序、公平、稳定、首创精神、集体。法约尔还十分强调管理培训的重要性,倡导通过管理理念培训提高管理水平。

2. 对人性的探讨

对人性的探讨是企业文化发展的理论基础。著名的理论是梅奥在"霍桑实验"中提出的社会人或社交人假设。他假设"在理想的工作条件和报酬下,员工能够发挥最大的工作效率"。参加实验的两组女工在环境和报酬都发生各种变化后,产量始终保持上升趋势。研究表明,生产率和工作环境好坏、报酬多少不成正比,是精神振奋、团队士气和力量、社会关注等因素在保持效益的增长。因此,梅奥认为驱使人们努力工作的最大动力是社会、心理需要,而不是经济和工作环境条件的需要。人们在工作中追求人与人之间的友情、良好的人际关系、归属组织、受人尊敬和社会地位。金钱式的物质刺激对提高生产效率只起第二作用,组织的价值观、行为规范、信念和良好的人际环境对鼓舞员工士气、提高凝聚力和生产效率有很大的作用。

3. 需要层次理论

需要层次理论也是基于对人性的探讨。著名的理论是马斯洛提出的五个层次需要理论。他把人的需要按其重要性和发生的先后分为五个层次：生存、安全、归属、尊重、自我实现。他认为，等级越低越容易获得满足，并且估计现代社会生理需求满足率为85%、安全满足率为70%，情感归属满足率为50%、尊重满足率为40%、自我实现满足率为10%。马斯洛的需要层次理论，提出了一个人的需要是"从物质到精神"的过程，自我实现是人的最高层次的需要。

4. 激励理论

在诸多的激励理论中，赫茨伯格提出的双因素理论影响较大。赫茨伯格认为，没有工资、职务保障、良好的工作条件等因素会引起员工许多不满，但是如果只有这种因素，只能消除不满，不能引起满意感和调动积极性。有了工作本身、前途、成就、得到赏识、赋予责任和人际关系等从属于激励的因素，员工就会有满意感和积极性，没有这种因素就没有满意感和积极性，但不会引起很大的不满。赫茨伯格的激励理论对交通企业文化建设的启示是：企业文化建设应该从工作本身着手，进行再设计，使工作内容丰富新奇，同时要赋予每个员工以责任感和使命感，这样做员工就会有积极性。

（四）发达国家企业文化的发展

在管理理论基础上发展起来的企业文化论理，从20世纪80年代才真正兴起。经历第二次世界大战失败的日本经济迅速崛起，改变了世界经济竞争的格局，从而引发了美国等西方企业界和管理学界对"解谜"的兴趣。研究者在研究考察了许多日本成功企业后，一致认为："日本企业的经营管理更加注重企业中的文化因素，如建立明确的企业中的全体员工共同具有的价值观念；强化员工对企业的向心力；注重企业中的人际关系等"。正是日本企业建设了强有力的企业文化，才使企业产生巨大的凝聚力、具有强大的技术消化能力、强劲的技术及产品开发能力、局部改善和调整生产关系能力、弹性适应市场的能力，激励全体员工同心协力为实现企业的目标努力奋斗。

1. 日本企业文化理论的主要特点

日本企业文化理论的主要特点是：

（1）"和魂洋才"的价值理念。"和魂洋才"是指民族精神和欧美技术。它提倡员工忠于企业，强调劳资一家和稳定和谐的劳资关系。把中国的《孙子兵法》中"出其不意、扬长避短、伺机而动、先发制人"等用兵之道移植于企业的经营竞争之中。在技术上采用引进、吸收、消化，致力于创新和超越。企业中使用频率较高的文化理念是："至诚服务、上下一心、产业报国、超越时代、研究创造"。

（2）家族主义的管理模式。这一管理模式把家庭的伦理道德移植到企业管理中，企业管理面对的是"家族"人群组合的一个个团队，团队中的每个成员必须互助合作，个人的责任、权力、利益统统由企业承担。与个人才能相比，团队与技术的作用更重要。和睦家庭式的劳资关系，满足了员工稳定、安全的心理需要，员工用对家一般的忠诚忠于企业，使企业具有强大的凝聚力。

（3）以人为中心的管理思想。终身雇用、年功序列、企业工会等称之为日本企业经营的三大支柱，紧紧围绕人这个中心，调整生产关系、缓和劳资矛盾，形成命运共同的格局。如日立公司提出"人比组织机构更重要"的口号;本田"企业经营的根本在于人"的经营思想;松下"造物先人"和丰田"既要造车也要造人"的价值理念等,都是从人的自我成就需要出发的。

日本企业文化的主要启示是:

①企业文化让企业生存和发展中的共同理想、价值观念、行为准则长期根植于员工心中。

②企业文化对企业成员具有强大的感召力和凝聚力。

③企业文化使企业中的人、财、物、管理、技术、生产、经营等诸多因素有效地组织起来,发挥较高的效能。

2. 美国企业文化理论的主要特点

受日本企业文化的启发,美国学者发表大量创建美国企业文化为重点的论著,其中影响最大的4本书是:《Z理论—美国企业界怎样迎接日本的挑战》(威廉·大内);《日本企业管理艺术》(帕斯卡和阿索斯);《企业文化——企业生存的习俗和礼仪》(迪尔和肯尼迪);《追求卓越——美国最佳公司的管理经验》(彼得斯和沃特曼)。

以上4本书从理论和实践两方面总结了企业文化的特征,把企业管理和文化之间的联系视为企业发展的生命线,形成了美国企业文化的四重奏,也为美国企业的管理带来勃勃生机。

在企业文化的基本概念上,"四重奏"形成了比较完整的表述。归纳起来大致有以下基本表述:

第一种表述,企业文化是一系列习俗、规范、准则的总和,它起着导向、规范和推动企业发展的作用,同时也是影响和推动社会发展的动力。

第二种表述,企业文化是企业发展中形成的文化观念、历史传统、共同价值观、道德规范、行为准则等企业意识形态,对提升企业竞争力,推动企业发展作用重大。

第三种表述,企业文化是企业坚持的道德标准,决定员工的行为和价值观。

美国企业文化的主要启示是:

(1)超群出众的企业,必然有一套独特的文化品质,这种文化品质使它们脱颖而出。

(2)决定企业生存和发展最重要的因素是企业共同的价值观和共同的信念。

(3)崇高的目标是企业获得持续发展的动力,也是激励员工献身崇高目标的动力。

(4)企业管理方法、经营策略、技术、生产、市场的最佳效果取决于对信念、价值观、目标、经营哲学、企业精神、人际氛围、企业风气(习俗)、人才开发等文化因素的重视程度。

3. 欧洲发达国家对企业文化的思考

在经历了20世纪60年代国有化热潮之后,欧洲发达国家的企业在20世纪80年代逐渐面临激烈的国际竞争环境,有些国家希望在所有制的变化中寻找出路,于是又掀起私有化的狂潮。同时也引发了对效益、效率不高,缺乏竞争力,缺乏活力的思考。

意大利最大的国有企业——伊利工业集团扭亏为盈重新崛起的经验是:改变了公司的劣性文化,如任用能人、革除官僚作风、借鉴先进的管理方法等。让人们看到了希望,认为企业兴盛的关键不在于所有制,而在于是否调动了人的积极性,能否最大限度发挥人的潜力和创造力。人的潜力是靠观念、道德的力量发掘出来的。文化是振兴企业的金钥匙。

民营企业——法国阿科尔集团高速发展的经验是:保持企业的凝聚力,强调共同的价值观和行为目标。董事长坎普说:"我们有7个词的共同道德,即发展、利润、质量、教育、分权、参与、沟通。对这些词,每个员工都必须有相同的理解。"

欧洲企业文化的主要启示是:

(1)企业振兴和发展的奥秘是文化的胜利,企业文化使陷入困境或渴望发展壮大的企业看到了新的曙光。

(2)企业的发展、利润、质量、教育、分权、参与、沟通、战略、组织、经营、管理、生产、市场等的实现,需要通过企业文化的控制和协调。

(3)企业文化推动了企业的发展,创造企业自己的文化,可以展现企业的特色,争取自己的市场空间。

二、中国企业文化的发展历程

植根于民族文化土壤之中的中国企业文化,承继着中国传统文化的精华,具有较强的中国特色。从传统文化观念发展的历史长河中,考察对中国企业文化的影响,有助于我们在企业文化建设中把握"继承与发展"、"弘扬与摒弃"的关系。

(一)中国传统的文化观念

人生价值论文化是中国传统文化的重要内容,它集中体现在对伦理道德与精神信仰的重视上。"形而上者谓之道,形而下者谓之器",道是形而上的精神价值,而形而下则指具体运用。关注人生态度和社会现实是中国传统文化的又一个重要内容,它凸显的是一种有为的精神,体现"现实"的特点。如:入世、有为、现实(儒家);恻隐、羞耻、辞让、是非之心(孟子);天行健,君子以自强不息;地势坤,君子以厚德载物(易传)。追求人与人的和谐关系也是中国传统文化的一个重要内容。具体体现在"仁者爱人也"、"夫人者,己欲立而立人,己欲达而达人"、"己所不欲,勿施于人"等论述中。

中国传统文化的"重视伦理、关注现实、追求和谐"的文化思想,成为五千年文明的积淀,是企业文化建设取之不尽的思想宝库。

对我国企业文化发展影响较大的几种传统文化观念包括:

1. 入世精神

经世致用、兴邦治国、教民化俗。正是这种积极关心社会现实的人生态度,造就了自强不息的民族精神,极大地影响了我国的企业文化建设。如孟泰精神和铁人精神,就体现了自强不息的民族精神。

2. "仁"为核心的伦理观

克己复礼为仁;君为臣纲、父为子纲,夫为妻纲,仁、义、礼、智、信。对企业文化的消极影响是:束缚、压制人的主动性,产生干群关系上的等级观念;积极因素是:重视维系人际关系的伦理纽带,有利于组织关系的稳定与和谐,强化责任感和管理约束的力度。

3. 重义轻利观

君子喻于义,小人喻于利;仁人者,正其谊不谋其利,明其道不计其功。在企业文化建设中,若将内涵更新为一种社会道德规范就能够引导员工树立比金钱更高尚的价值追求。但其骨子中的轻商,可能会成为企业追求企业价值的思想障碍。

4. 中庸之道

中庸之道是中国传统文化中一个十分重要的观念。中者不偏不倚,无过不及之名;庸气,平常也;礼之用,和为贵,先王之道,斯为美。中庸之道的历史观、变革观是消极有害的,不利于企业的改革和创新。其积极的因素是作为调整和处理人际关系的方法,在人们意见发生分歧时,能够求同存异,达到组织整体协调、和睦。

5. 重视名节

重视名节就是重视精神需要的满足。生亦我所欲也,义亦我所欲也,二者不可得兼,舍身而取义者也;富贵不能淫,贫贱不能移,威武不能屈,士可杀不可辱。在企业文化建设中,去掉封建思想的糟粕,可以帮助我们树立正确的自尊、自爱、自强、重视荣誉、重视品行的思想。

6. 勤俭传统

勤俭传统是中华民族的传统品德。新中国的企业就是在这样传统美德的基础上依靠自己的勤劳和节俭发展起来的。"一支管,一度电,一滴水,一块砖"和大庆精神所反映出来的"回收队精神"、"缝补厂精神"、"修旧利废精神"就是这种勤俭、艰苦奋斗传统文化的最好体现。

7. 廉洁意识

"公生明,廉生威;公则民不敢慢,廉则吏不敢欺。"是中国传统文化中典型的制度文化思想,具有廉洁公正的意识。在企业文化建设中可以赋予社会主义新时代的特色,与为人民服务的思想相结合能产生公正、公平、廉洁、自律的制度文化和形成干部共同信守的价值观念。

8. 任人唯贤

任人唯贤是中国古代文化中典型的组织人事文化,"知人善任"历来被认为是"治国平天下"的组织路线。在企业文化建设中,"贤"的标准表现为德才兼备。把德才兼备的人才选拔到合适岗位上可以消除企业用人制度中的不正之风。

9. 家庭伦理

中国传统文化中的家庭伦理观念已经渗透到社会关系的各个领域。在企业文化建设中,家庭观念有助于强化职工的主人翁意识。"爱厂如家、休戚与共"所表现出来的员工对企业的忠诚,就是这种家庭文化的具体体现。

(二)早期中国的企业文化

企业文化的发展始终伴随着企业的发展,从中国企业诞生的第一天起,就植下了企业文化的种子。从为数不多的、生存下来的中国企业看,我们确实发现了真正意义上的、在今天看来仍然有借鉴价值的企业文化。创办于19世纪末的中国企业,一经诞生就提出了"实业救国,振兴中国"的企业使命。如上海大中华橡胶厂、上海振兴毛绒纺织厂,从厂名看就体现了企业的使命。

成立于20世纪初的中国交通企业户——民生实业股份有限公司(四川),在坚持实业救国的企业使命的同时,提出了"服务社会,理智竞争"的经营理念,并成功地实施了"建设现代集团生活"和"帮助社会"的文化运动。前者的核心内容是强调树立社会责任感,培养崇高的思想境界,正确处理与社会、与企业、与他人的利益关系;后者强调"服务社会"的核心价值观,表明了挣钱只是"扩大社会服务"的手段。正是民生公司的企业文化,帮助他们夺回了被外轮公司占领的中国内河运输市场,并开拓了世界船运市场的业务。

成立于1932年的天津东亚毛呢纺织股份有限公司,提出了"文明高尚,人才为本"的价值观,并通过厂训、格言、口号、短剧、厂歌等多种形式表现出来,还编写了企业文化手册《东亚铭》。

此外,四川宜宾的宝元通商号提出了"牺牲小我,顾全大我,发展事业,服务社会"的"号训";北京的同仁堂药厂也表明了"炮制虽繁必不敢省人工,品味虽贵必不敢省物力"的价值观或质量观;上海银行提出"服务社会,辅助工商实业,促进国际贸易"的"三大行训";上海永安集团提出了"产品求名,用人重才,经营讲话"的企业精神。

《东亚铭》诞生在由宋棐卿创办的天津东亚毛纺公司(1932年)。据说,在该公司的办公室里,每个职员的座位旁,每位正式职工家里的正面墙壁上,都悬挂着印制精美、裱装精制的《东亚铭》。宋棐卿所书《东亚铭》,铭文共分主义、公司之主义、做事、为人、人格、功绩、尽责、过失等几部分。

1. 主义

人无高尚之主义,即无生活之意义;事无高尚之主义,即无存在之价值;团体无高尚之主义,即无发展之能力;国家无高尚之主义,即无强盛之道理。

2. 公司之主义

我们要实行以生产辅助社会之进步;我们要使游资游才得到互助合作;我们要实行劳资互惠;我们要为一般平民谋求幸福。

3. 做事

人若不做事,生之何益!若只做自私之事,生之何益!人若不为大众做事,生之何益!人若只为名利做事,生之何益!若无事做,要我做什么?若无艰难之事做,要我做什么?若不服务社会,要我做什么?若不效忠国家,要我做什么?

4. 为人

能做事者必不怨天尤人;怨天尤人者必不能做事,真人才必不谄上骄下;谄上骄下者必非真人才。

5. 人格

不忠于己者焉忠于人;不忠于夫妇者焉忠于友;不忠于亲族者焉忠于社会;不忠于家者焉忠于国。公而忘私者我们要师法;先公后私者我们要征集;先私后公者我们要规劝;有私无公者我们要力戒。

6. 尽责

事成而又不获罪于人者为理想之人才;事成不得已而获罪于人者为有用之人才;事不成而仅图不获罪于人者为无用之人;事不成而又获罪于人者为危险之人。不待命令而自动工作者为中坚分子;等待命令而即工作者为忠实分子;接到命令而懒于工作者为无用分子;有令不做反讥做者为是非分子。

7. 功绩

有功而不以为功者谓之真功;有功而以为有功者谓之夸功;无功而以为有功者谓之争功;无功而谤他人之有功者谓之嫉功。

8. 过失

从心无过圣贤也;闻过则改君子也;闻过不改庸人也;闻过则怨小人也。

(三)改革开放前的新中国企业文化

新中国成立,标志着一个崭新时代的开始。1949—1978年属改革开放前的计划经济体制时期,在这一时期中,企业文化大致体现了典型年代的基本特征。

20世纪50年代的企业文化,体现了企业的社会主义共性。在党的领导下,制定了"鞍钢宪法",并在所有企业推行"两参一改三结合",即:干部参加劳动,工人参加管理;改革不合理的规章制度;实行领导干部、技术人员与工人三结合的管理原则。这些都极大地释放了人的潜能,企业文化中更多体现了勃勃生机的特点。

20世纪60年代的企业文化,体现了工人阶级的主人翁意识。典型的企业文化当属"大庆精神"和"铁人精神",全国范围内掀起了"工业学大庆"运动,推行自力更生、艰苦奋斗、爱厂如家的精神等。"大庆精神"体现的企业文化是社会主义企业文化必须具备的基本内容。

20世纪70年代到改革开放前的企业文化,体现了政治挂帅,思想领先的特点。虽然政治挂帅的企业文化有利于强化员工对国家和人民的责任意识,识大体、顾大局。但是许多企业把政治绝对化,造成政治冲击业务、冲击生产,违背经济规律,使企业文化产生扭曲。思想领先有利于激发员工的崇高理想、道德、进取心、责任感、荣誉感。但是过分地夸大了精神的作用,排斥人的正当的物资利益的需要,会使企业文化失去了人本色彩。

这一时期企业文化建设的主要成果体现在以下4个方面:

第一,是以技术革新、劳动竞赛为内容的职工小组的活动。如20世纪五六十年代企业成立的各种生产突击队、技术革新小组。其中著名的有:李瑞环青年突击队、马恒昌技术革新小组。这些小组产生了许许多多的劳动模范,著名劳动模范李瑞环、王崇伦、郝建秀、倪志福等还成为了党和国家的重要领导人。

第二,树立了爱厂如家的主人翁意识。如各行各业涌现出大批爱厂如家的劳动模范,最典型的是鞍钢的孟泰。20世纪50年代,在我们国家最困难的时候,孟泰作为一名普通工人,把共和国的经济建设看成最重要的事情,主动发扬工人阶级的主人翁精神,自觉并发动工友回收废弃配件,在短短的数月内,回收了上千种材料,捡回上万个零件,这些"宝贝疙瘩"形成了闻名全国的"孟泰仓库",对20世纪50年代恢复鞍钢生产起了重要的作用。

第三,形成了艰苦奋斗的优良传统和民族精神。最典型的是产生于20世纪60年代的石油会战。大庆精神和铁人精神,集中体现了中华民族和中国工人阶级艰苦奋斗的优良传统与优秀品质,是中华民族精神宝库的重要组成部分,一直得到几代党和国家领导人的培育和倡导。大庆精神和铁人精神对我国企业文化建设有很好的示范作用,也极大地影响了一代代青年献身企业建设事业。

第四,行之有效的管理思想。最典型的有鞍钢宪法。鞍钢是新中国成立后最早恢复和建立起来的特大型钢铁联合企业,是共和国钢铁工业的长子,建立了在当时的国营企业中最为健全的管理规章制度,如生产调度、人事考勤、经济核算、班组管理、产品标准、质量检验等,这些制度确保企业从一开始就走上了专业化管理的轨道。从1953年起,鞍钢有步骤地建立了计划管理、技术管理、经济核算和各种责任制度,到1955年,鞍钢共制定和修改技术标准243种,技术规程417种,基本建立和健全了各项技术规程和质量监督机制。

这一时期企业文化成果体现的文化思想主要有以下5个方面:

1. 国家利益至上的核心价值观

国家利益是这一时期我国企业文化建设的价值基础。企业的价值体系与社会提倡的价值体系高度统一。如"为国争光、为民族争气的爱国主义精神;独立自主、自力更生的艰苦创业精神;讲究科学、'三老四严'的求实精神;胸怀全局、为国分忧的奉献精神"(大庆精神)和

"为国分忧、为民族争气;宁可少活20年,拼命也要拿下大油田"的铁人精神就体现了国家利益至上的核心价值观。当然,这一时期国家利益至上的价值观,也体现了全民所有制的企业性质,有极强的意识形态特征。

2. 对人的认识

工人是国家的主人,为企业贡献青春是每个工人天经地义的事情。这一时期所有企业产生的先进人物,几乎都是爱厂如家的典型。这是基于国家主人的认识。主人翁精神是这一时期企业员工群体价值观的典型体现。为此,企业文化普遍反映的是"只讲奉献,不计报酬"的价值观。

3. 对组织的认识

笑洒满腔青春血,一切听从党安排;革命工作没有贵贱之分;组织的需要就是我的志愿。个人没有多少选择工作的权力,服从组织分配是天经地义的事情,组织基本掌握了个人发展的命运,荣辱、兴衰完全与企业紧紧联系在一起。为此,企业文化普遍培育个人对组织完全的依赖。

4. 外部环境的压力

帝国主义的封锁,修正主义卡脖子。企业文化充分体现了"为国争光,为民争气"的精神力量。20世纪60年代波澜壮阔的石油大会战,是中国工业史上一个石破天惊、展古烁今的壮举,它的意义在于发现并成功开发了大庆油田,一举甩掉了中国"贫油论"的帽子。而且,这场在外部环境的压力背景下的石油大会战,产生了以"为国争光、为民族争气"为核心内容的优秀企业文化。

5. 企业文化充满拼搏向上的基调

自力更生,发愤图强;艰苦创业,勇攀高峰;流血流汗,无所畏惧;一不怕苦,二不怕死等是这一时期企业文化始终贯穿的一条主线,反映了在特定历史时期和极其艰苦的条件下,孕育形成的中国工人阶级崇高的品质和精神风貌,也是民族精神在社会主义建设时期的提炼和升华。

(四)改革开放后的中国企业文化

改革开放后的中国企业进入了一个新的发展时期。几乎与我国的改革开放同一时间,国际企业文化的潮流兴起,为中国企业文化的建设注入了新的理念和方法。主要表现在以下四个方面:

1. 以开放的心态面对外来文化

在文化发展的特点上,打破封闭式的经济模式,以开放的心态面向世界;大量吸收和引进国外先进的企业文化思想,进行本土企业的文化建设;借鉴国外先进的管理思想和方法,进行企业制度和企业文化的创新。

2. 崇尚多元的价值观念

在价值观念上,企业价值观念趋向多元化,既重视个体价值,又强调团队精神;既重视个人发展,又强调组织目标的实现。但是,理想和现实、理性的吸收和盲目地引进所产生的文化冲突,常常困扰企业的文化建设。拜金主义和短期行为是影响中国企业和企业文化健康发展的主要因素。

3. 企业面对转型的挑战

在文化观念的表现上,大部分企业在转型的过程中,也面临着观念上的转型。例如:由封闭意识向开放意识转型,树立在国际竞争环境下的开放经营意识;由依赖意识向自强意识转型,树立生存靠自己,发展靠业绩的自尊、自强、自立意识;由守业意识向创业意识型,树立不断进取,做强做大的信心;由官商意识向服务意识转型,树立用户至上、热情服务,靠产品、靠信誉、靠质量、靠满足社会需要求发展的新的发展观。因此,观念转型也是这一时期我国企业文化建设的一个非常重要的标志。

4. 文化将成为企业核心竞争力的优势

在文化的创新和发展上,随着新世纪的到来,企业对文化建设又有了新的认识,典型的观点有两个:

一是企业文化对企业发展的作用将越来越显著,在下一个10年内,企业文化很可能成为决定企业兴衰的关键性因素和核心竞争优势。

二是企业文化的功能在未来企业发展中作用将越来越显著,在提高全体员工的凝聚力,激励和调动员工的积极性和创造力,形成对员工强有力的纪律约束,形成正确的、符合社会期望的价值导向,成为沟通思想的桥梁和连接四面八方的纽带,对内整合资源形成统一的意志、对外传播企业的核心价值观和完整的理念等方面发挥不可替代的作用。

三、交通企业文化的历史回顾

(一)早期交通企业文化的回顾

交通企业,是我国封建社会沦为半封建半殖民地社会过程中最有代表性和影响力的企业。从它诞生的第一天起,就具有与西方企业完全不同的发展背景和企业文化特征。以民生实业股份为代表的交通企业,面对列强瓜分的生存环境、面对中华民族的贫穷与危机、面对企业的弱小和发展的艰难,勇敢地迎接列强垄断的挑战,创造性地选择自己的经营策略,终于打破了西方列强在长江航运上的垄断,夺回了被外轮公司占领的中国内河运输市场,并相继开拓了世界船运市场的业务。以民生实业股份为代表的交通企业,铸就了中国交通企业不屈不挠的意志品质和积极顽强的拼搏精神。不屈不挠的意志品质和积极顽强的拼搏精神成为我国交通企业优秀的文化基因。

案例:

民生公司的文化集中体现在他所开展的三个运动之中。第一个运动是"建设现代的集团生活运动"。这实质上是一个文化运动。卢作孚认为:"中华民族的问题很多,同时很严重,一个重要原因就是文化落后。"他所说的"文化落后",是指中国人由于长期处于农业社会而养成的狭隘、散漫的生活方式。他说:"中国人只有家庭,没有社会,家庭就是中国人的社会。""中国人只有两重社会生活,第一重是家庭,第二重是亲戚邻里朋友"。显然,这种过于狭隘的生活方式,根本就不能适应已经在世界各地蓬勃发展的工业社会潮流。"虽然继续安眠在农业生活里,继续安眠在家庭和亲戚邻里的集团生活里,是我们非常情愿的,然而是周围的形势决不容许的。"卢作孚倡导的"建设现代的集团生活运动",就是要求中国人,特别是要求民生公司的职工,跳出家庭、亲戚邻里朋友的狭小天地,凭自己的能力,从事一个职业,通过自己的工作推动社会进步。

"建设现代的集团生活运动"的核心内容,是树立社会责任感,培育崇高的思想境界。因此,要正确处理个人与社会、职工与企业、自己与他人的利益关系。卢作孚指出:"要在社会上享幸福,便要为社会造幸福"。但是在心理的天平上,决不可把享受幸福和创造幸福同等对待,"我们应努力于公共福利的创造,不应留心于个人幸福的享受"。而且享受幸福的重点,应该是享受成功的喜悦,分享社会进步的快慰,而不是得到很多的金钱。卢作孚写道:"工作的意义是应在社会上的,工作的报酬亦应是在社会上的,他有直接的报酬,是你做什么就成功什么";"他有间接的报酬,是你的成功在事业上,帮助却在社会上。"正是基于这种崇高的思想境界,卢作孚一再宣称:"我们努力不是为了工钱与盈余,而是超工钱与盈余的!""做事应从进展中求兴趣,从成绩上求快慰,不应以得报酬为鹄的,争地位为能事。"这种融个人于社会的思想境界,应该怎样具体到职工与企业的关系上来呢?卢作孚回答说:"民生公司是一个集团,我们在这个集团当中,应该抛去个人的理想,造成集团的理想;应该抛去个人的希望,集希望于集团。"那么,民生公司的理想是什么呢?这可以用概括为16个字的民生公司基本方针来简明地回答:"服务社会,便利人群,开发产业,富强国家"。在民生公司内部开展的现代集团生活运动,从一定意义上说,就是认同这16个字的文化运动。

民生公司开展的第二个运动是"帮助社会的运动"。这个运动的实质,就是要在民生公司,确立"服务社会"、"帮助社会"的最高价值地位,并使全体职工认同。任何最高价值,都要和其他价值比较,进行排序,才能显示出来。卢作孚是在"帮助社会"与"帮助个人"、"帮助社会"与"帮助事业"、"帮助社会"与"赚钱谋利"等的对比分析中,来阐明民生公司的最高价值。

卢作孚写道:"我们只帮助社会,帮助个人亦只是因为他要帮助社会,这是我们事业所含的意义,不但要十分明了它,而更要努力实现它。""我们做事业有两重目的,第一是自己尽量地帮助事业;第二是要求事业尽量地帮助社会。""我们做生产事业的目的,不是纯为赚钱,更不是分赃式地把赚来的钱分掉,乃是要将它运用到社会上去,扩大帮助社会的范围。"这些话,十分清楚地表达了民生公司把"服务社会"视作最高价值的经营理念。

这里要注意的是,卢作孚并不是说办企业不要赚钱,而是强调怎样赚钱。把赚钱放在什么位置。他说:"我们做事应取得利益,但应得自帮助他人,不应得自他人的损失。"这就是说,只能采用帮助他人、使他人受益的方法来赚钱,而绝对不能用损害他人利益的方法来赚钱。赚钱应该放在什么位置呢?卢作孚认为:赚钱不是企业的最高价值,赚钱只是扩大"服务社会"的手段。这就是说,不能把赚钱作为企业的最高价值。

卢作孚还特别强调,帮助社会、服务社会一定要积极主动:"我们决心帮助社会绝不是等待机会的,是要寻找机会;不是要人请求我们帮助,是要让人接受我们帮助。"

民生公司"服务社会"的经营理念,第一是通过具体业务来体现的,第二是依靠全体职工来执行的。民生公司的具体业务是航运,其服务社会的经营理念,体现在"安全、迅速、舒适、清洁"的承诺中,这8个大字十分醒目地写在重庆、上海、广州、大连、东南亚各国,乃至日本的客运码头的大型广告牌上。民生公司的全体职工,都必须接受如上所述"建设现代的集团生活运动"的洗礼,以保证他们都能处理好个人与社会的关系,达到服务社会的目的。

民生公司开展的第三个运动是"联成整体的生产运动"。这个运动的实质,主要是想机智巧妙地开展自由竞争,避免中国民族资本主义企业之间的自相残杀,求得供需平衡。在此基础上,有效地与外商展开竞争,以夺回被外轮占领的中国内河运输市场,并进一步开拓走向世界船运市场的道路。

卢作孚认为:"生产是适应需要的,但是在自由竞争的商业状况之下,其结果非常残酷,如果生产不足,则竭力压迫需求者,如果生产过剩则又为需求者所竭力压迫,永远没有供求相应的时候,如果要办到供求相应,必须作整个的生产运动。"卢作孚说的"作整个的生产运动",就是"将同类的生产事业统一为一个,或为全部的联合,其意义在消极方面避免同类事业的残酷竞争,积极方面,促成社会的供求适应。"简言之,就是要把同一行业的、乃至相关行业的许多企业,合并起来变成一个大的公司,进行统一的生产和经营。卢作孚声明:倡导全行业的统一生产和经营,"绝非如一般之所误会认为垄断,操纵";其所要达到的目的,一是避免同类事业的残酷竞争,二是保障供需平衡,三是"节省人力,节省物力,节省财力"。

在卢作孚倡导的"联成整体的生产运动"中,既有追求规模效益的经济因素(节约人力、物力、财力、降低成本),也有提倡计划经济的理论因素(避免竞争、保障供求平衡)。就其追求规模效益来说,在当时是现实的,可行的,就搞计划经济来说,在当时中国的条件下是不现实的和不可行的。民生公司开展的"联成整体的生产运动"真正的实际意义,一是既统一了公司内部的经营,又扩大了经营规模,取得了降低成本提高效率、改善质量的成绩;二是加强了中国民族企业之间的联合,取得了和外商企业展开有效竞争的主动权。

民生公司"联成整体的生产运动",首先体现在它内部管理中实施的"四统制"。当时,航行于我国内河的外国轮船公司,都实行"三包制",即把驾驶、轮机、航运三个部门分别包给专人管理。如航运中的客运部分,除大餐厅外,官舱、房舱、统舱都包给大买办,大买办再转包给二买办、三买办、管事等,承包者各自为政,只知谋取私利,不知优化服务。公司只收取承包费,其他一切听任承包者为所欲为。民生公司果断否定了这种"三包制",实施突出整体、强调统一的"四统制",即:人员由公司统一任用,业务由公司统一经办,燃料、油料、材料由公司统一核发,财务由公司统一管理。"四统制"是民生公司服务质量的可靠保证。

民生公司"联成整体的生产运动",同时也体现在它对外的收购与合并上。卢作孚指出:"联成整个的,若干轮船只有一个公司,开支应较经济。何条航线需有几只轮船,或某线需要大船,或有时需要大船,有时需要小船,应看需要分配,更较经济。可以用设备比较完备的工厂,担任修理。""这些利益,不是从社会上去取得的,是从航业一经联成整个的时候生产的。"为了鼓励其他华轮公司与民生公司合并,卢作孚规定了许多优惠条件,例如:帮助被并入的公司偿还债务,需要多少现金就交付多少现金;凡卖给"民生"的轮船或并入"民生"的公司,其船员一律转入"民生"工作,不使一人失业。由于条件优惠,短短的几年中,就有14家华商轮船公司、28艘轮船并入或卖给民生公司。卢作孚颇为自豪地说:"民生公司之合并任何轮船公司,在事实上都曾经证明是帮助了他们……因为在今天以前,独立的公司曾经折本、负债,至少亦没可靠的赢利;自与民生公司合作起,直至今日,是事实上证明有盈余的。"民生公司这种"化零为整"的生产运动,不仅达到了"集中人力财力以维持华商航业之生存"的目的,而且迫使外轮公司逐个退出了川江航运市场。1934年意商的光耀轮船公司破产,其轮船卖给了民生公司。1935年美商捷江轮船公司倒闭,其轮船也卖给了民生公司。1935年年底,民生公司共收购外轮11艘。这样一来,民生公司在1936年拥有轮船48艘,成为川江航运的主力,谱写了一曲夺回内河主权的民族凯歌。

早期交通企业文化特征突出表现在以下几个方面:

1. 对国家对民族的责任感

与所有同时代的中国企业一样,中国的交通企业,如我国第一家民间资本企业上海发昌机械厂(成立于1866年)、民生实业股份和官僚资本企业江南机械制造总局、福州船政局、轮船招商局等,在半封建半殖民地的社会环境中,都表达了"实业救国"的社会理想和使命。

2. 服务社会的价值观

中国交通企业"实业救国"的理想和使命,是通过服务大众,满足需求的活动实现的。如民生实业的16字方针"服务社会,便利人群,开发产业,富强国家"就是服务社会最高价值观的体现。

3. 强调"人和"和"和谐"

"人和"主要是指工人和企业命运与共,团结一心;"和谐"主要是指处理好"人与人"、"人与社会"、"企业与社会"的关系。从民生实业开展的"建设现代集团生活"和"帮助社会"的文化运动,以及它提出的"安全、迅速、舒适、清洁"的服务理念中,我们完全可以感受到"人和"和"和谐"的价值主题是交通企业恒久不变的追求。

案例:招商局——135年历史的百年企业

1872年12月23日,李鸿章向清廷呈上了《设局招商试办分运江浙漕粮由》一折,提出创立招商局,招商局由此诞生。

招商局企业文化的构成是:历史文化、组织文化、管理文化、社会文化、标识文化。

(二)改革开放前的交通企业文化

改革开放前的交通企业文化大体经历了三个发展阶段。

1. 进行社会主义改造(1949~1956年)

这一时期交通企业的文化,随着"公私合营"的企业制度的改造,企业文化也按适应大一统的计划经济进行整合。比较明确的企业使命是为恢复国民经济提供支持和保障。在国家实施第一个五年计划中创办的交通企业,也是围绕发挥对国民经济恢复提供交通的保障这一使命成立的。"艰苦创业,自力更生"是这一时期交通企业普遍奉行的企业精神。

2. 实行公私合营(1956~1966年)

这一时期的交通企业基本上只有国有和集体两种类型。基本按大一统的计划经济的管理模式运作经营。企业之间没有竞争,也没有经营自主权,一切由政府做主安排。人民政府按照"为人民生活服务"的方针发展交通事业。企业文化的价值取向也基本是大一统的,"自觉性"是这一时期交通企业比较崇尚的经营理念。面对共同的国际环境和全国其他企业,交通企业也提出了"自力更生,奋发图强"的精神口号。

3. 完全的公有制(1966~1978年)

这一时期的交通企业文化,反映了当时社会政治环境的特点——"政治挂帅,思想领先"。但由于交通在国民经济发展中的特定地位,因此交通系统普遍认同的价值理念"先行官"深入人心。员工对国家的责任感得到了强化,"识大体、顾大局","踏实工作,无私奉献"是这一时期交通企业文化的主流。

总体上看,改革开放前的交通企业与同时期中国企业文化的基本特征一致,但还是创造了一些优秀的、带有交通企业典型特征的交通企业文化成果。

(三)改革开放后的交通企业文化

改革开放后中国的交通企业获得了勃勃生机,企业的文化建设也获得空前的发展。吸收国内外先进的理念、方法和技术,在原有的文化积淀上,着力于改革、发展和创新是交通企业文化建设普遍采用的方法。

这一阶段交通企业文化建设的特点主要表现在以下几个方面。

1. 文化建设的方向明确

始终坚持以邓小平理论、"三个代表思想"为指导,坚持科学发展观,以创建和谐交通、和谐企业为目标,企业文化具有鲜明的时代特点和典型的行业特征。如广州北环高速公路有限公司提出的"让过往驾驶更满意,为愉快生活而工作"的价值观,寓意了对社会、用户和员工的承诺。

2. 积极借鉴优秀管理文化的成果

坚持"以人为本"的管理理念,吸收先进的管理方法,是交通企业文化建设的一大亮点。如天津港在借鉴中外优秀企业文化成果的过程中,提出了围绕企业核心价值观"发展港口,成就个人"的文化体系。

3. 整合传统文化的积淀

在新的历史条件下赋予理想、道德、求实、奉献、拼搏、责任、荣誉、纪律、团结等以新的内涵。这就是:创新、发展、人本、关爱、尊重、培育、使命、价值、服务、敬业、协作、诚信、市场、品牌、团队、激励、公开、公平、公正、信誉、共进、和谐。

此外,知名、国际化、一流、现代化、大家园、和谐发展、效益、贡献、员工利益与发展、发展方式等愿景的表述是新世纪交通企业文化发展的主旋律。

4. 文化服务与经营管理

交通企业文化已经或正在突出地演变为市场经济中的微观的经营和管理文化,并逐渐渗透到每个产品和管理环节中,渗透到每位员工的行为方式中。如青岛交运集团的文化就已经与企业的发展战略、经营管理成了一个有机的整体,其"勇于创新,诚于真情"的企业精神已经转化成员工的行为方式,其"交的是朋友,运的是真情"和"情满旅途"的品牌都已经转化成社会及大众高度的认知。

5. 理念表述富有个性

对企业理念的概括、提炼,更加富有典型类别企业的个性特征,追求深厚的文化底蕴,追求独具特色的文化魅力。例如:第一航务局的"用心浇注您的满意"的服务信条;大连港的"胸怀大海,港容天下"的企业精神;天津港的"承载社会期盼,集散中外文明"的企业使命;长江航运集团"世界内河第一,国际航运先进"的企业愿景。这些既有行业特色,又有独特的文化底蕴。

6. 企业文化升华为代表企业核心价值观的品牌

以"情满旅途"(青岛交运集团)、"一路真情"(青岛)、"浇注明天"(一航局)、"振超效率"(青岛港)、"祥瑞精神"(天津港)、"刚毅精神"(湖北省交通规划设计院)为代表的企业文化品牌,已经升华为代表整个交通企业精神和核心价值观的品牌。一航局的"品牌项目、品牌工程、品牌技术、品牌装备、品牌员工"也已经构成了代表一航局核心价值观的品牌资源体系。

我们深信,不久的将来交通企业文化将逐渐成为交通企业核心竞争力的重要组成部分,并以其不可复制的优势,展现企业差异化战略或交通产品的魅力。

(四)中国交通企业文化发展趋势

中国交通企业文化发展趋势与中国企业文化发展的大趋势是一致的,但也有自身的典型特征,主要表现在以下五个方面:

(1)学习型组织在企业文化建设中将进一步受到关注,并成为企业和个体超越自我的最大动力。许多交通企业在文化实施纲要中,都把学习型组织的创建,作为文化建设和企业能力建设的重点方向。

(2)在企业文化的建设中,更加注重树立良好的企业形象和社会形象,以满足社会的期望,满足员工和顾客及交通产品消费者的需求。从上述典型交通企业文化建设的案例中可以判断这一发展趋势。

(3)更加重视传统文化的积淀和作用,并在新的文化框架内加以整合,赋予新的时代的特质。天津港和苏州苏嘉杭高速等企业文化建设的实践就是整合传统文化积淀、创新发展的典范。

(4)经济和文化一体化,是未来社会发展和企业发展的大趋势。中国交通企业在文化建设中,也将充分关注这一现象。从交通企业"目标、责任、发展、利益、报国"的高频次使命表述语言及"知名度、一流、发展方式、国际化"的愿景表达要素中可以肯定交通企业在社会发展的过程中,能够准确把握文化发展的趋势。

(5)企业战略和企业制度的制定和调整,也将充分考虑文化的整合问题。从海运、工程等领域几大交通企业集团与企业制度相适应的文化的整合和调整,可以感受到交通企业文化建设和发展进入了理性的调整和成熟的发展阶段。

总之,在交通系统中,越来越多的企业家将会认识到:今天的企业文化就是明天的企业经济,企业的未来、企业的成功、企业的发展,属于那些能够时刻意识到企业文化建设重要性的企业家。因为,企业文化可以帮助我们在茫茫的商海中找到发展的方向和心灵的归属。

 思考与练习

1. 简述文化学研究发展的三个阶段。
2. 对我国企业文化发展影响较大的传统文化观念包括哪些?
3. 日本企业文化有哪些特点?给了我们哪些启示?
4. 中国早期企业文化包括哪些内容?
5. 改革开放前的中国企业文化有哪些基本特征?
6. 改革开放后的中国企业文化新的理念和方法主要表现在哪些方面?
7. 改革开放后的交通企业文化建设的特点主要表现在哪几个方面?
8. 中国交通企业文化发展趋势有哪些自身的特点?

第五章　交通企业文化理论概述

本章将研究归为理论,系统地回顾并阐释了关于交通企业文化的理论,一是交通企业文化理论发展体系;二是交通企业文化发展的适应性,并从研究的理论和方法及其演进发展的背景做了分析和评价,进一步解释了交通企业文化与国民经济的内在联系。

一、企业文化

(一)企业文化的一般定义

自20世纪80年代企业文化概念传入中国以来,人们对企业文化的基本理论、基本含义的理解一直存在很大的差异。

有人认为,企业文化仅仅是企业的识别系统;企业文化是企业的整体广告方法,是企业的思维系统,是企业精神;企业文化就是企业的活动载体、宣传媒体;企业文化就是企业的形象设计,如把CI策划或VI设计等同于企业文化等,不一而足。

著名经济学家魏杰也曾给企业文化下了一个定义:所谓企业文化,就是企业信奉并付诸于实践的价值理念。也就是说,企业信奉和倡导并在实践中真正实行的价值理念,就是企业文化。

张德教授认为,企业文化是指全体员工在企业创业和发展的过程中,培育形成并共同遵循的最高目标、价值标准、基本信念及行为规范,是组织观念形态、制度与行为以及符号系统的复合体。

这是目前企业文化研究中的一个完整意义上的定义。

其实,严格地讲企业文化是组织文化的一个分支,它最重要的标志是:企业文化的范围只界定在企业单元中,不能推而广之到一般意义的组织中(刘理辉)。由于企业是社会中的一个经济性组织,企业在发展过程中可以"自主"选择和调整自己发展方向和发展方式,企业文化必然要反映这一特征并与生产经营现状、企业发展战略相适应。

(二)企业文化的作用

1. 灵魂和导向作用

企业倡导的价值理念是企业的灵魂,它要求全体员工在生产经营活动中身体力行。没有灵魂的企业是没有方向和活力的人群集合体。企业塑造的文化,是企业总结和提炼出来的本企业自己的价值理念体系。它要明确引导企业做什么、怎么做,还要指导员工怎么做、怎么想,让这个灵魂发出"无声"的命令,发出心灵的呼唤,发挥无形的导向作用。

2. 振兴和激励作用

一名心理学家这样描述激励的作用:人在无激励状态下只能发挥自身能力的10%~30%;在物质激励状态下能发挥自身能力的50%~80%;在得到适当的精神激励的状态下,

能将自己的能力发挥80%~100%。物质激励到一定程度,就会出现边际递减现象,而来自精神的激励,则更持久、更强大。

企业在经营中陷入困境,在发展中进入低谷,或者不满足于过去的发展速度而寻求二次创业,企业家往往试图通过抓企业文化塑造来实现企业振兴。企业文化作为一种思想意识,具有良好的精神激励。

3. 团队建设和凝聚作用

企业的团队建设仅靠物质刺激和管理制度很难做得好,而企业文化所产生的凝聚力,可以把个人的价值理念转化成团队目标,从而形成一个由具有共同价值理念凝聚起来的组织,一旦团队的气氛发育并成长为一种文化习俗,就会起到规范团队成员的作用。

4. 内在的约束作用

企业运营过程中,必须通过严格的管理制度对所有员工行为进行规范,这是强制性的约束,也是"外在约束"。但我们知道,人是有意识的,人的行为受意识的支配,意识是人的内在约束,因而对于人在企业运行过程中的规范,除了严格的规章制度这种"硬"约束,还需要一种意识的"软约束",也就是内在的约束。这种内在约束就需要通过企业文化来体现。企业文化作为一种无形的、非强制性的约束力量,它能够弥补规章制度的不足。

5. 企业创新活力的推动作用

企业文化的力量能够不断激励人们的"心智模式",使人产生创新的推动力,把潜在的智能开发出来。卓越的企业文化,就在于能够激励员工的创新精神。而且这种创新,不是一次、两次创新,而是持续不断的创新,而持续不断的创新是需要企业的创新性文化做保障的。一般说来,企业的创新性文化必然会带来员工价值理念的创新,而价值理念的创新,又会持续推动企业制度的创新和经营战略的创新,成为实现企业制度与企业经营战略重要思想的保障和企业活力的不尽源泉。

6. 展示形象的品牌作用

企业品牌是企业形象的集中体现。一个企业如果不能形成自己的品牌,说明这个企业的生存和发展质量有问题。企业文化要通过塑造企业产品形象、企业员工形象、企业家形象、企业环境来确立自己的美好形象,进而在社会上产生一种辐射作用,形成一种形象感染力,扩大企业的知名度,提高企业的美誉度。

(三)企业文化的特征

1. 企业战略不同价值选择不同

企业文化是企业战略选择在价值理念上的反映。不同的企业又具有不同战略选择和制度安排,因而形成了企业文化的差异性。如河南万里的企业文化与青岛交运集团的企业文化就不同,因为它们在战略选择上有很大的差异。

2. 企业家的价值理念不同文化选择不同

在一般的情况下企业文化必然要体现企业家的价值意志,而不同企业的企业家的价值理念往往又是很不相同的,因此决定了企业文化的差异性。例如,万通的冯仑的价值理念与万科的王石的价值理念就相差甚远,因他们的价值理念的差异,导致了万通的企业文化与万科的企业文化的差异。

3. 发展阶段不同价值选择不同

有的企业刚刚创办起来,规模很小,这个时候它的企业文化当然就和那些已经发展得很成熟的企业文化不同,尤其是那些大企业的企业文化很不相同。刚刚创办起来的家族企业,其企业文化中的家族血缘理念就很强,而已经发展壮大起来的家族企业,其企业文化中的制度性价值理念就很强。企业处于不同的发展阶段,将有着自己特有的和自己的不同发展阶段相适应的企业文化,因此一个企业,其企业文化在不同的时期是有差别的。

(四)企业文化的调整条件

1. 产权结构发生重大变革

随着交通运输经济的发展,交通企业的体制改革加快,交通行业大量国有企业通过产权重组、出让、兼并、收购等方式,使产权结构发生了根本变革。变革后的企业不再沿袭原有企业的价值理念,必然会选择与新的产权机制相一致的企业文化。

2. 发展战略重新定位

企业在经营活动中,为了适应经营环境,会适时地选择自己的发展战略。如单一性产业发展战略向多元性产业发展战略的转移;低价位市场发展战略向名品牌市场发展战略的转移。为了适应这种转移,企业也要改革自己的企业文化,重新定位自己的企业文化。

3. 高层发生重大人事更替

企业文化就是企业家的人格化反映,不同的企业家具有不同的文化理念。因此,当企业发生决策层的重大更替时,特别是一把手变化时,为了开创一种新的局面,高明的企业家往往以抓企业文化建设作为开创新局面的思想保证和理念基础,将自己的企业哲学、价值理念、思想风格融合成企业的宗旨、企业价值观,逐渐被广大员工所认同。

当中国交通企业文化建设自觉向纵深发展时的确需要明晰、深刻的理论做指导。然而,学术界关于企业文化的概念、范围和特征等问题,还没有形成一个统一的定论。要想准确、科学定义交通企业文化,是一件不容易的事情。为了帮助交通企业文化建设的工作者对交通企业文化的理论问题有一个一般性的认识,有必要通过对交通企业的基本特征的描述来理解交通企业文化。

二、交通企业文化

(一)什么是交通企业文化

在对组织文化和企业文化的研究中,我们可以获得对交通企业文化理论上的认知。由于学术界很少针对一个特定的企业领域专门下一个定义,因而单独对交通企业下一个"文化"定义的意义不大。但为了满足一般读者对交通企业文化理解的需要,还是对交通企业文化下一个带有操作性的定义。

交通企业文化是交通企业实践运行的价值理念,是企业行为规范的准则、社会责任的体现。交通企业文化的属性体现了企业文化的一般属性、社会文化的继承性、地域和跨国文化的相容性、交通产业战略的相关性、企业实践的价值性、企业的社会责任性、企业文化的哲学规范性等方面,是物质财富和精神财富的总和,伴随着交通企业从成立到发展的全过程。

(二)交通企业的基本特征

分析交通企业的基本特征,是为了更好地理解交通企业在特定的产业背景下产生的企业文化。交通企业的基本特征与交通运输业的属性和特征密切相关,因为交通企业是交通运输业的基本单元和组成主体。交通运输业的属性和特征主要体现在以下几个方面。

1. 交通企业是国民经济的基础性产业

主要从以下五个方面来理解:

(1)国民经济的先行产业。

交通运输是联系生产、流通和消费的纽带,是促进经济良性发展和社会全面进步的基础。经济活动的各个领域,无论资源开发、产品加工还是商品流通,实现产品和劳务的商品化,首先要解决的是设备、原料和能源的输入与产品的输出问题,这些都必须依靠良好的交通运输条件来实现。因此,交通运输的持续、稳定和超前发展,是国民经济保持持续、稳定和快速发展的先决条件,"经济要发展,交通必先行"。

(2)满足人们生活的基本条件。

交通运输业是提高人们生活水平的基本条件。交通运输业是满足人们日常生活需要的基本条件。人们的日常生活按消费类别分,主要包括食品、衣着、居住、交通、文化生活以及其他用品和服务等方面,其中交通与其他各方面的关系都十分密切。随着社会分工越来越细,人们的食品、衣着以及其他用品和服务等已非自给,而需外出采购,外出采购就需借助交通运输。在居住方面,随着城市的扩大化和社区的分散化,人们的居住场所距离工作场所已越来越远,上班下班也要凭借交通工具往返于居住场所与工作场所之间。进入现代化社会,人们对文化生活需求增加,接受教育、参加娱乐及体育活动等也需要交通工具。由此可见,人们日常生活的方方面面都离不开交通运输,交通运输是人们日常生活的基本条件。

(3)提高生活水平的重要因素。

社会主义的首要任务是发展生产力,逐步提高人民的物质和文化生活水平。交通运输业作为提高人民物质文化生活水平的重要因素,主要体现在两方面:一是交通条件是人民生活水平提高的重要表征,二是交通条件是提高人民生活水平的重要支撑,人民生活水平提高的表征是消费结构档次的提升,即消费结构中各要素消费支出所占消费支出总额比重的良性涨落,其中交通消费是重要方面之一。同时,对消费结构中其他要素来说,交通条件也是提高人民生活水平的重要支撑。在消费结构中,食品、衣着、居住以及其他用品和服务等其他各方面都与交通关系密切,在这些方面人们要提高生活水平,必须首先改善交通条件,只有交通系统先行改善,才能保障供给及时、充足,出行方便、快捷,真正实现物畅其流、人便于行。

(4)维护国家和社会稳定的基本保障。

交通基础设施和运输装备是巩固国防的重要保障。交通基础设施和运输装备都具有军事用途,军事力量的部署和投放都以交通条件为依托,因而交通基础设施和运输装备是巩固国防的基本保障。交通建设必须依法坚持平战结合的原则,寓国防要求于交通规划、设计、施工和管理之中。

总之,兵贵神速是战争的通则,而能否做到神速则主要取决于交通保障能力,交通运输业的发展必须在战略上充分考虑军事功能和国防使命。同时,交通运输业是完成国家重大政治任务的基本保障,交通运输业在国计民生物资运输、抢险救灾物资运输以及地区扶贫交通建设等方面肩负着重大的政治使命。

(5)社会公共事业。

交通企业明显地表现出社会性、共用性和公益性等多种典型属性。

①社会性。社会性主要体现在交通运输业是为全社会服务的,其服务对象涵盖了所有社会群体和个体,其服务过程贯穿于生产和生活的方方面面,交通运输业要最大限度地提高交通运输的通达深度,因地制宜地创造交通运输条件,以满足全社会各阶层最基本的以至高层次的交通运输需求。

②共用性。共用性主要体现在交通基础设施和运输装备是为全社会所共用的,任何社会群体或个体对交通基础设施都享有平等的使用权,对交通运输服务都享有平等的消费权,交通基础设施主要为国家所有,以保证其能为全社会所共用,交通运输工具的运营设立安全监督管理机构,以维护公共交通秩序,保障公共交通安全。

③公益性。公益性主要体现在交通运输业的发展尤其交通基础设施的建设,一般不注重其自身的直接经济效益,或说不以利润最大化为目的,而重在社会效益,政府部门要对交通运输业的健康发展予以必要社会性管制和经济性管制。

2. 交通运输是国民经济的先导性产业

交通条件是区位条件的组成部分,是区位优势的体现形式,良好的交通条件可以引导产业合理布局和城镇合理布局,优化其空间布局。运输条件是产业区位选择和产业布局调整的重要影响因素,也是人口聚集、城镇发展的重要影响因素,运输条件的改变往往直接导致产业布局和城市布局的形成与改变。

早在远古时期,人们傍水而作、倚水而息,并沿岸立市,以藉灌溉之利、舟辑之便。进入现代社会,工业文明出现,蒸汽用于船舶,现代交通运输得以问世,水路运输迅猛发展,沿江、沿海工业走廊和城镇群体相继形成,深刻影响了工业布局和城镇布局。

后来,铁路交通兴起,工业布局和城镇布局开始向铁路沿线转移,新兴产业带和城镇区不断形成,进而出现了为数更多的经济走廊和城镇群体。

延至近代,公路交通兴起,产业布局受交通条件的限制比以往更小,结果公路沿线的产业区、生活区以及通过公路将其连接而形成的沿线产业带和城镇群体比比皆是。在千百年的实践基础上,人们不断总结并认识到,畅通、便捷、高效和低廉的交通条件可以促进人口、资本和商品的聚集。

于是,人们发挥主观能动作用,通过积极改善交通条件来主动引导人口、资本和商品的流向,以形成新兴产业地带和城镇或扩展既有产业地带和城镇,从而调整和优化产业布局和城镇布局,实现产业和城镇的合理布局。

3. 交通企业是国民经济的服务性产业

现代服务业主要指依赖于现代信息技术和现代管理技术而产生的服务业,包含受工业化进程和社会化分工不断深入的影响而产生的新型服务业及对传统服务业改造后形成的服务业,其发达程度是衡量经济社会现代化水平的重要标志。

现代服务业一般分为基础服务、公共服务、生产服务和消费服务,主要涉及交通、通信、公共管理、基础教育、金融、批发、餐饮、旅游等领域。其中,基础性服务既为生产提供服务也为消费提供服务,交通即属此类。交通是联系生产、流通和消费的纽带,既提供生产性服务也提供消费性服务,是我国现代服务业优先发展的重点领域之一。

服务的意识和品质,是现代服务业突出强调的方式和手段;用户至上、质量第一,是现代服务业的价值理念;不断提升服务品质、改进服务方式、强化服务手段,主动实现、维护、发展好用户利益,同时兼顾好社会公众、交通员工利益,是现代服务业的价值标准;依靠技术和管理来改进服务方式、提高服务品质、降低服务成本、提高服务效益,从而更好地满足不同用户的专业化、多样化、人性化、个性化需要,是现代服务业的追求目标。

因此,大力发展交通产业,实现交通由传统产业向现代服务业转型的历史进程,符合国家大政方针要求和世界经济发展规律,同时也是交通自身发展由较低阶段走向更高阶段的必然趋势。

(三)交通文化与交通企业文化的关系

1. 具有指导和引导作用

一个企业的发展离不开这个企业所处产业的整体发展,离不开所处产业的理念、价值和实践准则。交通文化构建了交通行业的价值理念和实践准则,体现了行业公众利益的价值取向,这是行业中任何组织和个人都必须遵守的准则。这种产业的总体价值和理念对交通企业文化建设具有重要的指导和引导作用。

2. 文化建设互为依托

产业的主体是企业,市场的主体也是企业。这是我国经济发展的客观态势。企业文化与行业主体文化的发展密不可分。交通产业的主体是交通企业,交通文化建设离不开交通企业。我国的政治、经济环境和交通产业发展的实际情况,决定了交通行业文化与交通企业文化建设的一致性。因此,交通文化和交通企业文化建设互为依托。

3. 母子文化的关系

交通文化是交通行业特色文化的总称。交通文化是对交通行业各部门、各单位文化的系统总结和高度提炼,是交通行业各部门、各单位特色文化的综合,是整个行业各系统组织中具有典型性和代表性的文化。因此,交通文化也是对各系统、各专业、各组织的特色文化进行整合和升华,集各行业、各部门、各单位文化之大成,来反映整个行业价值理念。交通文化和交通企业文化是母子文化的关系。

4. 交通企业文化是交通行业的个性文化

交通行业的各种组织在认同整个行业共同的价值理念的同时,还有独具系统或专业特色的价值理念。交通行业的各个组织是通过对交通行业共性文化的遵从与扬弃来凸显其个性的。各种组织根据自身发展的目的和任务以及外部环境和内部条件,对行业文化所倡导的价值理念进行重构与再造、延伸与细化,从而形成有别于其他组织的具有鲜明风格的个性文化。也正因为这些组织个性文化的存在,交通行业才形成了丰富多彩、蔚为大观的特色文化。

(四)交通企业文化的核心内容

随着交通企业对企业文化建设的高度关注和需求,及交通企业文化咨询业的发展,交通企业在搞清了什么是交通企业文化含义和背景之后,必然要涉及交通企业文化的内容。因交通企业文化本身是一个宽泛性的范畴,交通企业文化的内容也必然呈多样性。交通企业在选择做交通企业文化项目时,交通企业文化除其行业特征外,其核心内容与交通企业文化的核心内容是一致的。只有把握交通企业文化核心内容,交通企业文化建设才有价值,交通企业才能有绩效可言。

1. 生存与发展文化

生存、发展文化是企业的基础文化,其核心问题是体现企业生存、发展的价值理念。任何一个企业的生存、发展都是在一定指导思想、目标理念的导向下运行的。只不过有的企业其指导思想、目标理念与企业的生存、发展的客观现实不一致,运行差距比较大,致使企业的生存、发展质量不高。因此,企业生存、发展文化是企业的战略总体问题,是每个企业不得不考虑的重要课题。生存、发展文化主要包括企业使命、企业愿景、企业精神、企业核心价值观等。

2. 团队文化

团队文化是企业文化核心价值的主要内容之一。团队文化主要包括团队的精神理念、团队的共同愿景、团队学习。

(1)团队精神。团队精神理念是当代企业普遍倡导和信奉的一个重要的价值理念。从现实状况看,团队精神理念,直接关系到企业能否充满活力、是否具有凝聚力和能否可持续性发展的问题。可以说,一个没有团队精神理念的企业,必然会产生一种很严重的"窝里斗",最终必然会损害企业的活力和企业的发展。那些充满活力并且可持续发展的企业,往往都是团队精神理念比较强的企业。

团队精神理念最充分地反映了现代生产力的内在要求,现代生产力的重要内在要求和特征,就是分工与专业化协作。有效协作就是一种团队精神。团队精神理念以充分发挥人们的比较优势为核心。人们在能力上各有差异和特长,这实际上就是比较优势。团队理念就是要组合人们之间的这些比较优势,组合才能产生综合优势。通常一些非常能干"大事"的人,都需要一些只能干"小事"的人配合协作。因此,如果互相看不清对方优势,内战不断,必然影响企业发展。

团队精神理念是协调人们之间相互关系的基本规则,人与人之间有差异,也会有矛盾,协调的准则就是团队理念。如果没有一种团队精神理念的贯彻,实际上人们之间的矛盾和差异是很难协调的。对于一个企业来说,团队精神应该高于个人利益。

团队精神理念并不漠视人们的自我创新能力,而是更强调人们的自我创新能力,但这种自我创新能力必须与协作原则有效组合。这两者有效组合的结果,实际上就是一种团队精神理念。

(2)团队共同愿景。团队共同愿景是组织的理想,它高于现实,深入现实,具有极大的感召力,能激发组织成员的创新性冲动。彼得·圣吉说过:愿景可以团结人,愿景可以激励人,愿景是拨开迷雾指明航向的灯塔,愿景是困难时期或不断变化时代的方向舵,愿景是竞争的有力武器。

愿景能够建立起一个命运共同体。当然,企业的愿景总体说来即是团队的愿景,但不全是。其差异在于层次性和多样性。

(3)团队学习。团队学习,就是开发团队的集体智力,发挥团队成员的合作精神和相互配合能力,将个人智能导向共同愿景的过程。

在现代企业中,学习的基本单位应该是团队,团队的智慧高于个人智慧的总和。

彼得·圣吉和他的工作伙伴曾调查了4000家企业，发现了一个现象：很多团队，个人智商都在120分以上，但团队智商却只有62分。在很多企业里，经常是三个诸葛亮在一起，结果变成了一个臭皮匠，而不是三个臭皮匠合成一个诸葛亮。

过去企业要取胜，关键是靠一两个杰出的领导人，而现在是信息社会、知识经济时代，企业要成功，就要靠知识，靠全体员工的创造力。这就要靠组织团队学习，开发团队的整体能力。

对企业来说，处在一个不断学习的社会环境中，处在社会竞争最激烈的市场之中，自身就更有必要进行学习，而团队学习作为企业学习的一种方式，也成了一种备受关注的企业活动。企业组织在今日尤其迫切需要团体学习，无论是管理团队，或是跨职能的工作小组。之所以如此，是因为现在几乎所有的重要决定都是直接或间接通过团队形成而进一步付诸行动的。在某种程度上，个人学习与组织学习是不相关的，即使个人始终都在学习，并不表示组织也在学习。但是如果是团队在学习，团队变成整个组织学习的一个小单位，他们可将所得到的共识化为行动，甚至可将这种团队学习技巧向别的团队推广，进而建立起整个组织一起学习的氛围与机制。

作为团队的每名成员，了解成功团队的文化共性很有必要，这可以鼓励他们为之共同努力；而作为团队的领导者，了解优秀团队领导者的特征也是非常有必要的，他可以知道自己在团队中的重要性与作用，知道如何改进自己的工作，以认真的态度与真挚的情感来做一名团队领导者，带领他的团队成员一起，塑造出健康、积极、成功的团队文化。

3. 企业制度体系文化

企业制度体系文化是由企业的规则形态、组织形态和管理形态构成的外显文化，是企业文化的重要内容，一般包括企业的各种规章制度、经营制度和日常管理制度等。在企业文化形成和建设过程中，体现企业家意志、体现企业价值取向、体现企业经营理念的组织、经营及管理形态，都必须通过具体的制度体系的创建去实现，而体现了企业经营管理特点的合理的制度体系，必然会促进和影响员工核心价值观念的形成，从而表现出组织期望的良好的行为习惯。

如果把企业文化比作一个鲜活的人体的话，那么企业的制度文化就是企业文化的骨骼，健壮的骨骼必然会对"人"的健康发展起到决定性的支撑作用。因此，一个企业的制度一旦上升到文化的高度，就必然形成员工对自我行为自觉的约束力。对企业来说，制度文化的真正意义在于它建立了一个使企业发展战略得以有力贯彻，使企业高层管理者的管理意志、管理风格得以有效体现，使员工对企业文化得以高度认同的管理环境。通过制度文化的有效实施，更好地约束和规范员工行为，降低管理风险，转移管理者和被管理者的对立矛盾，使企业管理中不可避免的矛盾，从人与人的对立弱化为人与制度的对立，以提高企业的管理及经营绩效。

4. 品牌文化

品牌文化是指有利于识别某个销售部或某群销售者的产品或服务，并使之同竞争者的产品和服务区别开来的名称、名词、标记、符号或设计，或是这些要素的组合；是指文化特质在品牌中的沉积和品牌经营活动中的一切文化现象，以及它们所代表的利益认知、情感属性、文化传统和个性形象等价值观念的总和。

品牌是一种文化，而且是一种极富经济内涵的文化。品牌是文化的载体，文化是品牌的灵魂,是凝结在品牌上的企业精华。品牌与文化这对孪生兄弟,一方面以文化支撑着品牌的丰富内涵;另一方面品牌又可展示其代表的独特文化魅力,二者相辅相成,相映生辉。品牌是物质和精神、实体和符号、品质和文化高度融合的产物,即品牌是文化的最终成果。而文化则是品牌的生命、产品的精髓、企业形象的内核、产品品质的基础。所以,企业不能没有文化,产品不能没有文化,品牌不能没有文化,没有文化的企业、产品及其品牌是不具有品牌的生命、灵魂和气质的。商品、品牌与文化的联系如此紧密,以至于从某一种程度上来说,如果能把握社会文化结构需求和趋势与变迁,以相应的商品与之相契合,则是一个巨大的潜在市场。

品牌是市场竞争的强有力手段,同时也是一种文化现象,含有丰富的文化内涵。在塑造品牌形象的过程中,文化起着催化剂的作用,它可使品牌更加具有意蕴与韵味,让消费者回味无穷,牢记品牌;从而提高品牌的认知度、知名度与美誉度,提高品牌的市场占有率。因为,具有良好的文化底蕴的品牌,能给人带来一种心灵的慰藉和精神的享受。例如,用户购买了你的产品。就不仅仅是选择了你的产品质量、你的产品功能、你的售后服务,而且也选择了你的产品中蕴含的文化品位。当你的企业开始建设品牌时,文化必然渗透和充盈其中并发挥无可比拟的作用,而创建品牌就是一个将文化精致而充分展示的过程。市场营销和品牌竞争的实践也证明:文化内涵是提升品牌附加值、产品竞争力的原动力,是品牌价值的核心资源,是企业的一笔巨大财富。

所以,一些世界著名的大公司都密切关注"上帝"的消费心理变化,开始以满足消费心理带动物质消费。麦当劳提出:"我们不是餐饮业,我们是娱乐业。"法国香水店说:"我们不卖香水,我们卖的是文化。"可口可乐、麦当劳、万宝路、海尔等公司之所以家喻户晓,除了他们的企业形象策略外,他们还赋予了其企业及产品、品牌极高的文化内涵和精神价值、人文价值。

品牌包含着文化,品牌以文化来增强其商品附加值。但品牌在吸收借鉴文化时,本身也在创造一种新的文化。当计划经济时代的落后经济环境被市场经济时代的激烈竞争环境所替代时,中国人的心理产生了巨大的变化。人们从新体制、新生活、新产品中感到了旧价值的失落,一种新型的文明将主导人们的行为方式,改变人们的生活消费观。品牌文化中所创造体现出来的那种新型文化,正好顺应了时代的潮流,符合市场经济的需要,因此,人们在购买品牌商品时也就在学习、体会这种新的文化。

21世纪是知识经济的时代,品牌作为走向市场的通行证,被企业视为市场营销与竞争的"利器",而文化则是品牌的重要标志和灵魂。文化因素已渗入了企业生产经营的各个层面,包括企业的精神、理念、道德、意识、价值观,也渗入企业所生产经营的产品之中,如烟文化、酒文化、茶文化、饮食文化、服饰文化、建筑文化、居室文化、汽车文化等。

思考与练习

1. 什么是企业文化?
2. 企业文化有哪些作用?
3. 为什么说企业文化具有灵魂和导向作用?

4. 如何理解交通企业是国民经济的基础性产业?
5. 什么是交通企业文化?它具有哪些特征?
6. 交通企业文化的核心内容是什么?
7. 交通文化与交通企业文化的关系有哪些?
8. 为什么说交通企业是国民经济的基础性产业?

第六章　交通企业模范人物风范

模范人物风范是交通企业精神和核心价值观人格化的集中体现,也是交通企业文化建设成果的重要体现,更是交通人直接效仿的学习榜样。在文化和组织行为学的研究中,常常把模范人物行为分为若干行为类型,并依此推断和理解群体精神和群体的核心价值观,如"实干型"、"智慧型"、"开拓型"和"创新型"等。敖志凡、包起帆、许振超、熊文清等模范人物的典型事迹就充分体现了与时代共进的交通精神和创新发展的价值观。

坚守一线工地
——实干典型敖志凡

2013年9月26日,第四届全国道德模范座谈会和授奖仪式在北京举行。江西省高速集团井睦项目办总监办主任敖志凡荣获全国道德模范提名奖,受到了中央领导的亲切会见。

敖志凡,男,44岁,现任井冈山厦坪至睦村高速公路项目总监理工程师。从事交通工程监理24年以来,敖志凡先后参与十几条高速公路建设,监理大小工程项目12个,没有出现任何质量问题,见证了江西高速从无到有、从零到4000公里的嬗变。他也多次被省高速公路建设领导小组授予"劳动模范"、"先进工作者"荣誉称号,他所带领的团队被评为全国公路水运工程"十佳总监办"。在第三届"江西省道德模范"评选活动中,敖志凡被评为全省"敬业奉献模范"。

监理行业的"行家里手"

1989年,刚满20岁的毛头小伙子敖志凡有幸参加了江西第一路——昌九高速公路的建设,从此与高速公路结下了不解之缘。二十多年来,他从计量员到合同工程师,再到现在的总监理工程师,以执着的信念和不懈的追求,在红土地上留下了跋涉的脚印……

初到工地的敖志凡,深知自己只有高中的学历,业务上更是一张白纸,如果不下一番苦功,是难以在工地"立足"的。为了尽快进入"角色",他白天跟着别人跑工地,坚持"两勤两到"(腿勤、手勤、眼到、心到);晚上捧着专业书本一点点地"啃",不把当天的"定量"消化掉,决不上床睡觉;遇到知识难点,就一口一个"师傅",拖着懂行的人"刨根问底",不弄懂弄通决不"善罢甘休"。正是凭着这样一种孜孜不倦的学习精神,不到半年的时间,他就基本能够胜任计量员的工作,让同事们刮目相看。

敖志凡反复告诫自己:"没有谁是天生的,只有干一行、爱一行,才能专一行、精一行"。他仅用一年半的时间,先后考入了天津大学和北京交通大学,用三年的时间同步完成了公路工程管理、公路与城市道路工程两个专业的学习,一口气先后拿到了大专文凭和本科文凭。

就这样,敖志凡边工作边学习,并坚持理论与实践相结合,很快成为江西监理行业的"行家里手"。日复一日,年复一年,这一干就是二十多年。

把职业当作事业来对待

敖志凡常说,爱岗敬业是最基本的职业道德要求,要做到这一点,就要从心里面把职业当作事业来对待。

九瑞高速是江西省唯一一条由外商投资修建的高速公路。2009年10月,时任监理工程师代表的敖志凡在巡视中发现,该项目桂林1号隧道的中导洞施工过程中,施工队刻意拉大钢支撑间距,这种偷工减料的行为极易引发掉块甚至塌方事故。他严厉批评了施工队负责人,并当场下达了整改通知书。哪知这名自以为"手眼通天"的福建老板竟然置若罔闻,到处找人说情,甚至"惊动"了上级部门领导。但视安全质量为生命的敖志凡毫不妥协和动摇,没给对方任何回旋的余地。

2010年12月29日,九瑞高速迎来通车典礼。敖志凡本打算回家稍稍休整,携带妻女到香港旅游一趟,连飞机票都订好了。可是,就在这个庆典仪式上,他突然接到公司的电话,要他当晚7:30之前赶到萍乡莲花参加吉莲高速项目合同谈判,这就意味着另一个项目又要开工了。他来不及喝上一杯庆功酒,来不及抖落一路征尘,又匆匆奔赴新的"战场"。

2011年4月,敖志凡担任井睦高速公路项目总监办主任。这个项目和以往的项目不同,具有很大的挑战性,是我国首次试行"高速公路建设与监理合并管理模式"(简称监管一体化),并实行设计、施工总承包的工程建设项目。如何发挥该模式的规模化和集约化优势,全面提高管理效率是摆在总监办面前的一项全新课题。

"这是一个难啃的骨头!没有现成的经验可供借鉴,只能摸着石头过河……"在敖志凡主持召开的第一次工作例会上,同事们七嘴八舌议论开来,畏难情绪溢于言表。敖志凡毅然决然地说:"千难万难我们也不能退缩,要敢闯敢干,做第一个吃螃蟹的人!"他带领大家挑灯夜战一个多月,结合项目特点,几经调研和修改,制定了《井睦项目管理大纲》、《井睦高速公路标准化实施方案》、《试验检测管理办法》等一系列管理文件,保证了该项目有条不紊地运转。项目正式开工后,他连续3个月没有休一天假,每天像上紧发条的闹钟忙个不停。回忆起当时的情景,敖志凡用一句顺口溜作了形象的概括:"一天进嘴四两土,白天不够晚上补"。在他的带动和感召下,总监办形成了"当日事、当日毕"的工作习惯,晚上11点半前,准能在办公室找到他们。这样一来,大大提高了工作效率,大大方便了临时前来办事的施工单位。

2012年12月的一个晚上,天空乌云密布,敖志凡从其他标段检查工作回总监办,途经一分部所辖路段时,见施工队伍正在进行油面摊铺,现场还有4车料没有铺完。眼看天就要下雨了,如果施工人员冒雨强行摊铺或草草了事,工程质量势必受到影响。他越想越不放心,顶着刺骨的寒风,在现场蹲守了近两个小时。好在天公作美,直至施工队伍"规规矩矩"完成沥青摊铺,雨水才降落下来。此时已接近零点,衣着单薄的敖志凡冻得脸色发青,双腿都迈不开步了。路与家,他把重心放在了前者。

在家人眼里,敖志凡是一个感情细腻的好儿子、好丈夫、好父亲,家人无论谁过生日,准能接到他的祝福短信或电话;无论谁有个头痛脑热,他总是问寒问暖,放心不下。但敖志凡却有一种深深的愧疚感,久久不能释怀,因为他亏欠家人的实在太多太多。父母都是年过古稀之人,他自从参加工作后,没陪二老度过一个完整的春节。跟妻子结婚11年了,从没带她出去走走,一家老小逢年过节或外出游玩的合影照里,压根儿找不到他的影子。女儿都读四年级了,他没到学校开过一次家长会,没带女儿打过一次防疫针。因为爱人也在一个偏远的收费所上班,女儿只得长年托付给哥哥嫂子带,所以每次见面,女儿总是抱着他的腿不肯让他走。女儿经常说:"我盼望着一家三口团聚的那一刻,那将是我最开心的时候。"

关于敖志凡,他的亲友和同事经常讲起两件很"搞笑"的事。敖志凡的兴趣爱好不多,偏偏对汽车"情有独钟",他看过的《汽车之友》《中国汽车画报》等堆起来有一人多高。然而,就是这样一个"爱车如命"的人,竟然是一个"路盲"。他家从抚州搬到南昌已有25个年头,到如今只认得从单位到家里的路和一两条主干线。再就是"一件衬衫的故事"。2012年5月,井睦项目总监办被授予公路水运工程"全国十佳总监办"。在贵州召开表彰会时,别人都西装革履,而他却穿着一件皱巴巴的夹克,上面依稀可见斑斑点点的泥土。会务组工作人员不解地说:"你这样咋行?等会冯正霖副部长要亲自为你颁奖呢!"没办法,敖志凡只好把同事身上的白衬衫换下来应急。因为同事个子比较高,衬衫穿在敖志凡身上松松垮垮,袖子长了一大截,显得有点狼狈。

其实,敖志凡身边的人都知道,他"路盲"是因为长年扎根在荒郊僻壤,回南昌的时间屈指可数;他领奖时出"洋相",是因为工地太忙,来不及回家换衣服。

病魔阻挡不住勇者的脚步

"超常规运作、超负荷运转",几乎是每个项目的一种工作常态。对长期扑在工地的敖志凡来说,更是一场旷日持久的战斗。敖志凡哪里想到,紧张忙碌的工作正在一点一点地"蚕食"着他的健康。2011年10月开始,敖志凡明显感觉到腹部有一种隐隐的绞痛,项目办领导知道后,多次劝他回省城检查。他总是憨然一笑:"不打紧,可能是结石,挺一挺就过去了!"然后又一心扑到工作中。2011年11月中旬,敖志凡再次出现强烈的腹痛,豆大的汗珠直往下滚。可当时正在开展综合大检查,他根本无法抽身。时隔3天,他在工地出现剧烈的腹痛,在场的同事急忙把他送往南昌就诊。不查不知道,一查吓一跳。这次检查不仅查出他早已预料的肾结石,还意外发现他的肝脏上长了一个肿瘤,必须马上进行手术切除,否则后果不堪设想。敖志凡把一切事务安排好之后才请假到医院接受治疗。2011年11月28日,敖志凡被推上手术台,家人和同事都暗暗为他捏着一把汗。手术进行了10多个小时,右肝被切去一半。

正当家人为他忧心忡忡的时候,敖志凡的心早已飞回自己的工地。躺在病床上的他,不断与总监办各部门电话联系,嘱咐他们把握阶段的管理重点,加强关键部位的质量控制。主治医生叮嘱他至少要休息一年才能从事野外工作,亲戚朋友出于对他的身体考虑,都劝他不要回工地了,单位领导也打算把他调回机关工作。然而,出院不到半个月,他就找到单位领导,要求回到原来的工作岗位。单位领导心疼地说:"不许胡来,你现在还在疗养阶段,等完全康复了再说。"敖志凡只好暂时作罢。一个月、两个月过去了,敖志凡再也躺不住了,他不顾全家人的强烈反对,背起简单的行囊,带上几盒护肝片,不声不响地回到了那个魂牵梦绕的地方。

当时,井睦高速主线还未贯通,总监办驻地到各施工作业点要翻越一座鹅岭山,30多公里的山路悬崖峭壁、坑洼不平,驱车巡查一个来回,连正常人都吃不消,对病体初愈的敖志凡来说,简直就是一种折磨,腹部30多厘米长的伤口像撕裂般疼痛,吃饭的时候一点胃口都没有,他一次又一次咬牙强忍着,转身留给同事们的是故作轻松的微笑。

敖志凡的事迹感染了他身边的每个人,也在江西交通运输系统引起了强烈的反响。省交通运输厅、省高速集团领导来到敖志凡家中,看望慰问敖志凡,详细询问他的病情以及生活情况,对他的良好心态表示赞赏,并嘱咐他要注意休息、保重身体。江西省交通运输厅党委书记、厅长朱希说,二十多年来,敖志凡同志用自己的实际行动诠释了一名基层普通交通职工默默无闻、甘于奉献、爱岗敬业的优秀品质和艰苦奋斗、勤恳钻研、任劳任怨的精神风貌,是新时期江西交通人的优秀代表和基层职工的楷模。

面对组织上的关心和慰问,面对荣誉,敖志凡说,他一定会积极面对生活,更加勤奋努力,为江西交通运输事业做出自己应有的贡献。

刻苦钻研　勇攀高峰
——创新典型包起帆

包起帆是在港口生产第一线做出重要贡献的工人专家。20世纪80年代时他就是一名革新能手,相继发明了新型木材抓斗、生铁抓斗、废钢抓斗系列,被誉为"抓斗大王"。他没有在以往的成绩面前停步,而是继续创新,90年代又被中宣部树为全国重大宣传典型。2006年5月,在第95届巴黎国际发明博览会上,他一次获得4项金奖,成为105年来一次获得该展会奖项最多的人。20多年来他与同事们共同完成了120多项技术创新项目。他还是党的十四大、十五大、十六大、十七大代表。

20世纪80年代,包起帆和他的同事一起攻克了木材抓斗的难关,之后又先后发明了生铁抓斗、废钢抓斗、半剪式散货抓斗等抓斗系列,完成的技术革新和发明创造达80多项,这些成果三次获得国家发明奖,一次获得国家科技进步奖,11次获得交通部和上海市科技进步奖,10次在日内瓦、巴黎、匹兹堡、布鲁塞尔等国际发明展览会上获得金奖。包起帆的这些创新成果经过努力推广,在全国20多个行业,600多个单位得到应用,为国家创造了4亿多元的经济效益,并批量进入国际市场。

根据包起帆的能力和贡献,组织上安排了包起帆担任龙吴码头公司的经理。龙吴码头在黄清江的上游,包起帆上任时码头经常三五天没有一条船到港。工人没活干,包起帆更是心急如焚。企业要生存,必须走产业创新之路。那时我国水运的集装箱都是与国外相连的外贸箱,而我国沿海和内河间内贸货物的运输采用的还是散来散去的老方法。包起帆看准了集装箱发展的大趋势,提出了发展我国内贸标准集装箱运输的新思路。然而这是一件没有人做过的事,困难极大。经过艰苦努力,在交通部的支持下,通过港航间的合作,1996年年底我国第一条内贸标准集装箱航线终于开通了,从而引发了我国内贸标准集装箱大发展的高潮。几年后,一个贯通全国40多个港口的内贸标准集装箱运输网络已经形成。包起帆的一个新的创意就为港口带来了一个产业结构调整的新机遇和一场运输方式的大变革。

在国有企业改革中,包起帆的公司同其他国企一样,面临着一个最大的难题就是"减员增效"。为了使减员不造成职工失业,维护职工的切身利益,包起帆当时提出的口号是:"只要你努力工作,我们一定为你提供一个岗位"。他认为解决这个问题的关键,是企业要用发展来创造新的岗位,为此,利用企业发展内贸集装箱运输的机会,与国外兴办了合资合作联营企业和几家股份合作制企业,创造了许多岗位。尽管包起帆管理的企业每年以8%的速度从管理岗位裁减人员,但包起帆的公司始终没有几个下岗人员。

后来,组织上又安排包起帆担任上海港务局主管技术的副局长,这是党组织对包起帆的新考验。要把上海港建成国际航运中心,作为一名党员,包起帆深感任重而道远,在新的岗位上,包起帆继续以"创新、创新、再创新"的理念,用辛勤的汗水续写创新的辉煌。

挑战极限　永创第一
——新时期产业工人代表许振超

许振超,57岁,初中毕业,1974年进入青岛港工作,曾先后荣获青岛市劳动模范、青岛市优秀共产党员、山东省有突出贡献工人技师、省自学成才先进个人、全国"五一劳动奖章"、全国交通系统劳动模范、全国劳动模范、全国优秀共产党员等称号,被誉为新时期产业工人的杰出代表。

(一)牢记使命

"咱工人阶级只有把自己的命运同国家的命运紧紧联系在一起,才能大有作为,才能真正成为党的执政基础"。许振超一辈子也忘不了胡总书记亲切接见自己时的叮嘱。2004年以来,全国用电普遍紧张,怎么能想方设法为国家节电,为港口省钱,许振超开始动了脑筋。他把节电的目光投向了冷藏箱场地。公司共有冷箱插座平台79座,冷箱插座3792个。仅2003年冷藏箱堆存用电13万千瓦时,占公司总用电量的77%,电费支出4600多万元。"存在的不一定是合理的,要把电钱合理地省下来!"许振超充分利用了自己的"名人效应",四处打听相关信息,多方联系节电器材,广泛进行市场调查,选择了一项国外先进技术产品进行实验。2004年8月,在最热的日子里,他整天在现场,对节电装置进行实际测试。他选用了压缩机为同一型号、同一厂家、同样新旧程度的两个40尺冷藏箱,在其电源侧各装一块电度表,一个箱不接节电器,一个箱接入节电器,在同一时刻同时通电测试。测试结果显示该产品节电率为13%。节电大有文章可作了,他立即设计了改造方案,对77个平台、154个配电柜配置了智能降损滤波节电器,经过一段时间的运转,生产用电大幅下降,预计回报利润高达8000万元。

许振超管理24台集装箱桥吊、78台集装箱场桥以及其他100多台集装箱装卸设备,每月公司在设备的使用和维护方面投入很大。因此,靠高科技节约费用,成了他不断探索的课题。"摩圣"技术原为苏联军工尖端技术,后发展成为一种适用于各行各业使用的节能环保新技术,听到这个新技术的巨大作用后,许振超像掘金人发现宝藏一样,到处拜师学艺,多次邀请专家举行讲座,反复同技术主管们探讨此项技术在青岛港的使用价值。当他把这项技术应用在两台轮胎吊上后,第一年就降低了燃油费45万元。2004年,许振超带领工友们完成了63项技术成果,为港口节约资金1200多万元。

(二)牢记誓言

作为一名共产党员,就是要把自己一头交给组织,一头交给工作。从许振超站在鲜红的党旗下宣誓的那一刻起,他感受到了一种洗礼。

一位毕业于理工大学的技术人员,有一次编制的备件采购计划将一个"放水旋塞"习惯地写成了"水龙头",被许振超在审核时发现了,为此他专门找到那位技术人员让他纠正过来。但那位技术人员没把这事放在心上,争辩说,如果写"放水旋塞"就太专业了,采购员可能看不明白。许振超一点也不让步说:不明白可以加注解,但技术本身不能不严谨,你这里松一松,他那里松一松,我们桥吊队"风气正、作风硬、纪律严、技术精"的队风还从何谈起。

在许振超的教导下,这位技术人员逐渐养成了严谨细致的作风。

许振超常说:"如果咱党员都优秀,那将是一支多么伟大的力量。"振超在桥吊队深入开展了"为党旗增光辉,为海港立新功"的"两为"活动,成立了十大技术难题的课题组。在党员的先锋模范作用下,先后创出了设备一般电气故障15分钟排除、发动机运行零故障、吊具运行零故障、6小时完成桥吊起升钢丝更换、3小时完成胎吊起升钢丝更换,流机率先实现"零缺陷"运行、设备故障维修零返修,材料计划采购保管"一次到位"、"一口准"等团队练就的七项绝活。还推行了先进的机械设备管理系统,实现设备检查、保养、维修、成本核算、材料物资管理等全过程、全方位的计算机管理模式。

(三)牢记责任

许振超认为:"振超精神不是我个人的,只有服务社会,奉献人生才最能体现它的价值"。他还认为,党和国家、社会各界给了自己这么多的荣誉,我有责任为社会、为群众多做一点事,多尽一点义务。为此,他每天都挤出时间,同社会上关心和支持他的人交流思想,探讨对人生的看法。一位下岗职工来信告诉他,自己和老许是同龄人,很要强,也很好学,想靠自己的努力干出一点名堂。但自己所在的企业濒临倒闭,所学没有用武之地,连养家糊口都困难,自己十分失望和苦闷。许振超立即回了信,讲述自己对人生的看法:人不能改变环境,但可以改变自己。一时的失意并不可怕,可怕的是意志上的消沉。要想成功就要执着地追求你的事业,要相信一切都会好起来的。是个好工人就要挺直腰杆,挣口气,是个好男儿,就要振作精神,从头再来。三个月后,这位下岗的同龄人打来电话,欣喜地告诉许振超:在刚刚结束的一家公司招聘会上,他以第一的优势竞争到了关键岗位。

许振超在一年中先后与126名孩子通过写信、电话和网络等形式进行谈心,告诉他们:爱祖国,要从爱自己的青春开始。许振超特别愿意和大学生们一起交流,和他们谈人生、谈理想,希望自己的成长能对他们有所借鉴和启发。据福建大学的毕业生讲:"在听许队报告前,我们选择职业不是进机关就是进高级写字楼,没有到基层工作的念头。而了解了许队的成长以后,我们想无论在哪里工作,都需要扎扎实实、敬业奉献,这样才能得到社会和岗位的认同。"聊城外国语学院的八名预备党员大学生来到青岛港前湾集装箱码头看望许振超,并和许振超一起在码头现场面对党旗,重温入党誓词,表示要做一名像许振超那样对上忠、对下爱、对己严的先进共产党员。

(四)牢记期盼

青岛港已经成为世界关注的焦点,因此,许振超不敢有丝毫的懈怠,他明白,青岛港的目标就是要让中国的港口屹立在世界强港之林,为了争这口气,必须全力以赴。许振超和工友们不断挑战自我,潜心研究操作工艺,积极攻关技术难题,持续优化作业流程,提高作业效率。单机平均效率由27自然箱/小时提高到35自然箱/小时,平均收发箱时间由33分钟降到18分钟,装箱到位率、计划兑现率、单证准确率均实现了"三个100%"。2004年先后九次打破昼夜作业记录,连续六次刷新单班作业记录,最高达到12000标准箱。

2004年10月以来,由于欧洲各港口船舶压港,造成世界第一大航运公司马士基亚欧航线核心班轮脱班。马士基要求各挂靠港实施轮班作业,六小时内必须完船,否则甩箱。该航线的班轮都是长347米,载箱量达7600箱的大船,少则2200多箱,多则3000多箱,6小时保班的难度相当大。但对许振超带领的冠军团队而言,纵有千难万难,也不能让船公司一时为难。桥吊队铆足了劲,不断创造着奇迹,自10月24日以来,在马士基公司的纠班会战从5.6小时,到5小时,再到4.2小时,又到3.7小时,效率越来越高,时间越来越短,离新的世界纪录也越来越近了。2004年12月10日,"马士基多特蒙德"在青岛港装卸2035个集装箱。该轮作业难度非常大,其中45ft集装箱多达95个,40ft集装箱多达770个。在许振超他们制定的"人机合一,团队协作,穿插作业,施展绝活"新工艺作业中,仅用2.67小时就完成作业,第三次打破世界纪录。

有家国外船公司在感谢信中算了这样一笔账:一艘第五代集装箱船在港口耽搁1小时就会损失1.5万美元,而提前1小时就能产生1.5万美元的效益,正反相差3万美元。因此,他们感谢振超效率为其船公司赢得了丰厚的利润,中国人了不起!

平民英雄　中国骄傲
——见义勇为的平民英雄熊文清

熊文清,男,共青团员,1983年1月出生。熊文清同志曾是国家二级运动员,在1998年和2002年江西省第十届、第十一届运动会上分别荣获62公斤级、77公斤级举重冠军。2003年3月退役后分配到江西公路开发总公司梨温高速公路公司玉山管理处工作,先后担任收费员和驾驶员。2006年7月9日,在昌万公路麻丘路段上发生的一起车祸中,熊文清只身英勇救出27人不留名,因手机被受伤乘客借走和"不慎"被当地电视台拍到救人画面而被被救者找到,引起了广大媒体争相报道。8月,省交通厅党委号召全省交通系统职工向他学习。9月,省委宣传部、省总工会、团省委、省交通厅联合授予熊文清"模范青年职工"光荣称号,并在南昌召开熊文清先进事迹报告暨表彰大会,号召全省广大干部职工学习熊文清先进事迹。

车祸突然发生,他奋力救出27人

2006年7月9日下午,太阳照射在省道昌万公路上,路面热浪蒸腾,熊文清骑着摩托车在公路上行驶,当行驶到南昌县塘南镇渡口村路段时,一辆旅游大巴从他身边超越而去,到他前方约50多米处,突然一阵剧烈抖动,随即向路边水沟栽去。熊文清大吃一惊:车祸!

他一踩油门驶到大巴旁,扔掉摩托车扑上前去。只见这辆车牌为"赣A05865"的旅游客车因避让突然拐弯的农用车,一个倒栽葱,插入了路边2米多深的水沟。客车车头和一根电线杆相撞,车前玻璃和电线杆上的水泥均被撞碎,所有车门被卡死。

他一边迅速打急救电话,一边透过车窗玻璃观察车内情况。眼前的惨景使他惊呆了:因为剧烈的撞击和前滑,车厢内座椅都被连"根"拔起,旅客和座椅相互卡着,严严实实挤成了一堆,车内许多旅客晕了过去,剩下几个痛苦地呻吟着。

熊文清没有多想立即钻进车厢。一个、两个、三个……他把三四个伤势较轻个头较小的旅客从后窗抱了出去,剩下个子大的乘客小窗出不来,必须开扇大窗。他一看路边有个拿镰刀的农民,顾不上细说,上前夺了过来朝着车体中间的钢化窗玻璃猛砸几下,随手操根木块将窗子周边的碎玻璃一捋,再次跳入车内一个个地往外抱伤者。

车厢内的温度越来越高。有人叫:"别进去了,车会爆炸的!"可是,面对血肉模糊的场面和车厢内发出的阵阵呻吟声,熊文清什么都来不及想,满脑子只有一个念头:"救人要紧!"

一个伤势较轻的旅客在熊文清的帮助下挣脱了卡压后,开始在车内帮助他扳撬椅子;车外围观的村民也被深深感染,纷纷加入救援队伍中……半个多小时过去了,被救出的伤员在路边躺成了一排,车里只剩下被凹凸的车头和座椅牢牢卡住的驾驶员和导游,可熊文清的体力几乎消耗到了极限,他多想歇一歇喝口水啊。但是,驾驶员的痛苦呻吟,导游的气如游丝,容不得他有半点放松,他振作起精神同死神作最后争夺。

导游的生命垂危,伤口血流如注,熊文清决定先救她。在那位轻伤旅客的协助下,他搬开了导游身后的铁架子。然而挤压在她身上的座椅却怎么也扳不动,他发力,一次、两次,座椅纹丝不动,正在这时,昏迷着的导游突然苏醒过来,用一种让熊文清至今无法忘记的眼神看着他。他心里一痛,大声一吼:"嗨!"椅背在他手中断了。可是,当他一抱,导游发出一声虚弱痛苦的呻吟。她的腿被夹死了!熊文清知道此时光靠自己的力量已经无能为力了,但死神在一点一点地吞噬着年轻的导游,他不能停下。估计救援队伍快到了,这时导游的生命需要信心来坚持。于是,他一边不断地和她说话,一边依然不停地对她进行施救,终于,进来了两名消防队员,开始切割车前面的扶手。这时,又进来几名武警和消防战士。导游和驾驶员得救了。

当"120"急救车将伤员全部运走时,熊文清从车窗爬出来,在没人注意的地方躺下恢复了一下体力,然后骑上摩托车悄然离去。

"做什么事都要无愧于心"

熊文清是梨温高速公路公司玉山管理处的驾驶员。那天休假,他骑摩托车从南昌五星垦殖场家中前往姐姐家接母亲。当他带着满身的血迹,一脸疲惫地来到南昌市姐姐家中时,母亲和姐姐吓坏了,以为出了什么事,一再盘问。熊文清被问急了就说:"妈,你别问了,我替你积德了哩"。

熊文清此时下意识地摸了摸手机,才想起在救人时借给一个伤员给家里报"平安",自己走时忘了拿回来。

晚上8点多,家里的电话急促地响起。那位受伤乘客的家人通过手机上的电话簿及熊文清的一个同学找到了他家里的电话。母亲胡火英接了感谢电话后,再三追问儿子,熊文清才简单地诉说了救人经过。母亲听了儿子的救人事迹,抚摸着他身上留下的一些划伤,又高兴又心疼地说:"救人要紧,救人也要照顾好自己啊。""可是,我如果停下来那就真的可能会有人死掉啊,伤员血流过多会死,挤压窒息也会死,一旦车子爆炸了,更要死人呢,我是拼了最后一点力气也要坚持把人都救出来。"熊文清说。

两天后,熊文清从疲劳中恢复过来,心里放不下那些伤员,不知他们是否都被抢救过来了。7月12日上午,熊文清来到南昌市胜利路那位受伤旅客的家中取手机并想通过她了解一下其他伤员的情况。可是,当他敲门进去刚一说明来由,就被受伤旅客的父母及亲戚包围了,他们激动地拉着他,拿出一沓钱坚决要他收下。面对此情此景,熊文清措手不及,拿过手机连声"再见"都没说就夺门而走。

在医院里,伤者们逐渐清醒过来时,首先想到的就是一个敦敦实实的小伙子,是他将自己从死亡线上抢了出来。大家互相说起,才知全车39人居然有27名伤者都是被他抱出来的。

寻找救命恩人

虽然熊文清及家人守口如瓶,但自从持有他手机的伤员家属得知了他家的电话后,伤员们便开始千方百计打听他的单位及有关信息。

与此同时,当地电视台一条报道事故发生的现场新闻中,一晃而过的画面正好拍摄到了熊文清抢救导游的侧面镜头,播出时被同事认了出来,立即向管理处处长、书记李国辉做了汇报。李国辉一面向熊文清个人了解情况,一面与班子成员达成共识:组织人员前往有关部门对这件事进行调查,好人好事一定要予以表彰嘉奖。

7月19日,受伤乘客代表熊某从医院带着20多名获救乘客联合署名的感谢信来到了梨温高速公路公司玉山管理处,久久握着熊文清的手,激动地流下了眼泪。"终于找到你了,大恩人哪!"

而此时单位调查组经过几天调查也查清了熊文清救人的事实经过,多方信息一汇集,英雄终于"浮出"水面。

"熊文清救人不留名的事迹太让人感动了,没想到英雄和模范就在我们身边!"一石激起千层浪,在拥有130多名职工的梨温高速公路玉山管理处掀起了一个学习熊文清的热潮。

记者采访时,熊文清的同事你一言我一语抢着诉说他是个热心人:"只要知道哪辆车有毛病,他就会主动帮忙修理,为单位节约了不少修车费用哩。""他还多次被评为先进工作者呢。"管理处处长李国辉说"别看小伙子那么黑,那是因为近来收费站迁址,他整天抢着在外面帮忙,冲着自己力气大,哪里活重就往哪去,晒黑的!"

而黑黑帅气的小伙子此刻依然憨憨地笑着。采访之余,他偷偷告诉记者自己心里的牵挂:不知伤员们都好了没有,如果不是怕听那没完没了的"谢"字,他真想亲眼去看看他们,他希望他们都生活得好好的,健健康康的。

2006年8月,省交通厅党委号召全省交通系统职工向他学习。9月,省委宣传部、省总工会、团省委、省交通厅联合授予熊文清"模范青年职工"光荣称号,并在南昌召开熊文清先进事迹报告暨表彰大会,号召全省广大干部职工学习熊文清先进事迹。10月12日,中央电视台《中国骄傲》播出熊文清救人事迹专题片。10月中旬,熊文清与另外来自全国各地的平民英雄正式入围"中国骄傲"候选人,并在央视国际、新浪网的《中国专题》中接受全国各地的网上投票。最终,通过网民投票及评审团的综合评议,熊文清获评2006"中国骄傲"人物,并参加了11月5日晚中央电视台举行的颁奖晚会。11月8日,在人民大会堂召开的第三届"全国十大见义勇为好司机"评选表彰大会上,熊文清又获此项殊荣并代表获奖者作了先进事迹介绍。

第七章 交通企业文化建设案例

苏嘉杭"和畅之道"企业文化的实践与可持续发展
——江苏省苏州市苏嘉杭高速公路公司

苏嘉杭高速公路始建于1999年7月,2002年12月南段正式开通,2003年11月北段投入营运,至2004年8月全线贯通,全长100公里,沿线设12个收费站、2个服务区。苏嘉杭高速公路是全省首条"以市为主"投资建设、经营管理的高速公路。几年来,公司在探索和实践"市管高速"经营管理模式的过程中,创造性地融合了"三个体系贯标""文明创建"和"企业文化建设"三条管理主线,如"鼎"之"三足"合力助推公司快速、健康、持续发展。公司先后获得全国、省、市和局多项荣誉。

一、企业文化建设的四个阶段

1. 理念萌生阶段(1999年6月至2005年6月)

公司成立于1999年6月28日,到2009年,刚巧10周年。期间先后经历建设、建设与营运管理并行、纯营运管理三个阶段。无论是建设,还是营运管理,公司都十分重视培育、形成和积累各种传承苏州历史文脉,符合时代发展要求,适应高速公路建设营运规律的文化资源,如建设时期特别能吃苦、特别能战斗的奉献精神;言必行、行必果、果必优的务实精神;追求高起点、高效能、高质量的创优精神;营运管理初期一流设施、一流管理、一流服务、一流效益的"一流"精神;敢为人先的创新精神;以缘为亲的团队精神;精益求精的专业精神;以客为尊的服务精神;爱岗敬业的奉献精神;合作共赢的协作精神,以及以人为本、以车为本、以路为本的"三为本"理念等,为企业文化体系的提炼和形成打下了坚实基础。

2. 体系形成阶段(2005年7月至12月)

2005年7月,公司召开企业文化建设启动动员大会,正式启动企业文化建设工程,历经企业文化元素的调研收集、评估提炼、整合形成三个过程,最终形成以"和畅之道"命名的"一心三道"苏嘉杭企业文化体系,于2005年12月8日颁发了苏嘉杭企业文化纲领性文件《和畅之道企业文化蓝皮书》和阐述公司企业文化体系知识的专著《苏嘉杭之道》。

3. 集中宣贯阶段(2005年年底至2008年)

企业文化体系形成后,公司即确立了企业文化宣贯实践的长期总目标,并相应制定了宣贯实践的三年规划和年度实施计划。这个长期总目标是着眼于公司长远发展需要,围绕企业愿景目标,实现企业文化价值理念和行为规范的五个转化,即转化为员工的统一共识、转化为员工的自觉行动、转化为企业的运作规范、转化为企业的管理绩效、转化为企业的发展动力。三年规划则根据激发公司内源动力的需要,实现员工价值取向与公司企业文化中的价值观高度一致,使公司成为同行中员工忠诚度最高,凝聚力最强的企业,实现社会效益、企业效益、员工价值最大化,为实现企业愿景提供支撑,彰显文化的核心竞争力。年度计划主要立足公司营运管理实际需要,形成良好的企业文化学习氛围,提高员工对企业文化理念、内容、体系的了解、理解和认同,使体系渗透到公司管理各个层面和方面,培养员工的凝聚力、执行力和忠诚度,同时加强对外宣贯,重点是对"双同"(与公司有合作和合同关系的单位)单位的宣贯,以形成合力,共创苏嘉杭管理品牌。

4. 常态管理阶段(2009年始)

到2008年年底,经过三年努力,三年规划的各项目标任务基本完成,并取得明显成效,其标志是:①企业文化理念的文字表述基本为员工所熟知;②企业文化理念得到员工普遍认同;③企业文化理念日益成为员工的行为指南;④企业文化理念渗透在公司的运营管理、日常工作之中;⑤企业文化建设的成果推动各项工作顺利进展并取得成效;⑥企业文化理念在"双同"单位得到广泛传播;⑦公司的企业文化得到社会的充分肯定,取得了多项荣誉表彰。三年宣贯实践规划的完成,标志着公司的企业文化建设阶段性工作告一段落,接下来,公司的企业文化建设将进入一个新的常态管理阶段。为此,公司在2008年年底和2009年,着力抓了几件事:一是在国内同行中率先建立企业文化测评体系,根据测评模型,组织了首次企业文化宣贯实效的系统测评,形成测评报告及测评报告简本,为进一步深化宣贯实践活动提供翔实而有针对性的依据。二是对三年宣贯实践工作进行了系统总结,形成《苏嘉杭企业文化建设的实践和可持续发展》的调研报告,在此基础上制订了企业文化长效管理办法,保证进入常态管理阶段企业文化建设的持续发展。三是对企业文化蓝皮书进行修订和完善,形成第二版,在公司十周年庆时正式颁发。四是通过听取意见和建议,反复比对,更换了企业标志服、企业徽章等视觉系统,以更有利于企业形象的展示。五是按长效管理办法继续搞好企业文化建设,主要有确定公司成立日为企业文化日、征集编辑企业文化理念故事集、更新企业文化墙和宣传画、组织再版蓝皮书学习、评选并公布企业文化建设年度十件大事、通过内刊宣传企业文化理念等。

二、"和畅之道"企业文化体系的基本框架

苏嘉杭的企业文化是以"和畅之道"命名的企业文化,它包含了"和"和"畅"两个核心要素。这两个要素与各方面内容的结合,构成了苏嘉杭企业文化的完整体系。

和:就是要建设和谐共进的企业,要打造和衷共济的团队,要提供和善共赢的服务,要建立和合共荣的关系。

畅:就是要保障安全畅通的道路,维护畅洁绿美的环境,要具有畅快的精神,去实现畅达的愿景。

苏嘉杭的"和畅之道"将精神文化、行为文化、形象文化融为一体,形成了"一心三道"的核心文化体系。

"一心"即"道之魂的核心理念",它明确了苏嘉杭公司的企业愿景、企业使命、核心价值观和企业精神等。提出企业愿景是"成为国内著名的高速公路专业化管理品牌",企业使命是"路畅人和,以道达远",核心价值观是"团队、创新、专业、卓越",企业精神是"志同道合争一流"。

"三道",一是"人之道的员工文化",它规范了员工的行为素养,包括"四美"——员工职业道德规范;"五讲"——员工团队行为准则;"六修养"——员工品行操守等。

二是"路之道的管理文化",它制定了公司管理的行为规则,包括公司的组织理念、管理理念、质量方针、环境方针、职业健康和安全方针等。

三是"车之道的服务文化",它确立了公司的服务宗旨,包括公司的服务理念、服务准则、合作理念、甲乙方理念等。

苏嘉杭公司构建的"一心三道"企业文化体系,来源于苏嘉杭公司多年来的文化实践,是苏嘉杭公司企业文化实践的提炼和升华。

苏嘉杭公司的"和畅之道",不是空洞的教条,不是束之高阁的理论,而是每个苏嘉杭人的精神指针,是指导企业运作的基本纲要,是员工行为的基本指南。

三、企业文化实践的功效

经过几年的宣贯实践,回头再看,愈加清晰地凸显企业文化的作用。公司企业文化建设工程的实施,形成了苏嘉杭文化的核心力,发挥了以共同愿景激励人,以先进理念武装人,以管理文化规范人,以服务文化熏陶人,以员工文化培育人的良性互动和整体效应。一支具有凝聚力、忠诚度、事业心的员工团队正在加速形成,这是企业发展的立足之基、力量之源、成长之本。

1. 明晰了发展目标与路径

公司营运之初,首先制定了"一年强基,两年达标,三年争创一流(设施、管理、服务、效益四个一流)"的阶段性目标。经过两年多努力,到2005年年初,三年目标已经基本实现。"企业向何处去"这个现实的问题摆在公司面前。企业就像一艘航行于大海之舟,驶向何方,需要有一个明确的目标。没有目标,就会随波逐流,漫无方向。有了目标,才能齐心协力,朝着目标不断前进。在关键的时间点抓住关键的问题,把握机遇,开阔视野,博采信息,分析趋势,把脉未来,在公司的企业文化建设中首次对企业发展目标进行战略规划和科学决策,明确提出"成为国内著名的高速公路专业化管理品牌"的企业愿景,同时确定了"专业化、品牌化、连锁化"的发展路径,其中专业化是坚实基础,品牌化是自然结果,连锁化是追求目标。从此,企业发展有了明确的目标和方向。围绕这一总体目标,公司每年有年度目标,2006年提出"三大任务",2007年提出"八个重点",2008年提出"十项目标",2009年提出"五个提升和24项举措",2010年又提出"抓队伍、强基础、保畅通、提效益、树品牌"五项工作。这些年度目标,犹如登楼之梯,使公司每年都有新的发展和进步,每年都向实现总体目标迈出坚实一步。

2. 促进了管理创新与完善

公司十分重视制度建设,营运之初先是制定了近10万字的《企业规章制度汇编》,保证了营运管理有序进行;稍后,为使企业管理在更高平台上运行,迅速导入ISO 9001质量、ISO 14001环境、OHSAS 18001职业健康与安全三大管理体系,并通过认证。企业文化体系形成后,在企业文化先进管理理念的指引下,在管理制度、管理机制、管理模式、管理手段、管理技术等方面进行创新和完善。到2007年年底,公司通车营运五周年庆时汇编了一本管理成果集,内容涉及企业高层管理、生产营运、行政事务、人力资源、道路畅通、绿化养护、排障抢险、应急处置、环保安全、政治工作等,归纳出管理成果经验总结28篇,特色管理项目85项,大大提升了公司具有特色的专业化管理水准,公司获得全国卓越绩效管理优秀企业和特别奖、江苏省科技创新、群众性技术进步和苏州市质量管理金奖等多项管理荣誉。2010年,在外审基础上再版了贯标文件汇编。

3. 提升了服务品质与档次

"服务态度亲和化、服务质量诚信化、服务行为规范化、服务手段智能化"的理念和"诚心、热心、专心、耐心、放心"的服务准则,进一步规范和提升了公司的服务水准。公司把所有服务类型进行细分,明确服务的目标追求,以"优美、畅通"作为行车服务标准;以"快捷、文明"作为收费服务标准。以"及时、便利"作为配套服务标准。并按专业化、精细化的要求,制定各岗位服务质量量化标准,推进6S现场管理标准化工作,改革星级服务明星评选办法,试行月度先进评比表彰,实行新绩效考核制度,建立录像审看系统,开展服务品牌创建活动,进一步推动服务程序规范和服务质量提升,为客户提供优质服务,展示了良好形象,赢得了社会声誉,公司再次获得苏州市文明单位标兵、江苏省客户满意服务明星企业和江苏省文明行业称号,并被评为苏州交通十大服务品牌和江苏省交通十大服务品牌提名奖。

4. 凝聚了团队力量与智慧

员工是企业的主体,是企业最可宝贵的财富。"四美""五讲""六修养"员工文化的实践,起到了凝聚力量、融洽关系、提升素质、引发激情四个方面的作用,促进了员工的全面、健康发展,一支具有凝聚力、忠诚度、事业心的员工队伍加速形成,为企业发展奠定了牢固的组织基础。在2008年年初的抗冰雪灾害中,这支队伍以大局为重的社会责任意识、严密的组织纪律性和高度的执行力、顽强的拼搏精神和连续作战能力、无私奉献精神和配合协作能力,都得到了充分的、集中的展现。这既是企业文化建设的成果,也是企业文化的实践,更是企业文化内涵的丰富。在这样一支队伍面前,任何困难都将被克服,任何困难都不能阻挡企业发展的步伐。

5. 推动了"双同"深化与发展

公司在营运初期的实践中,敏锐地觉察到高速公路的管理是综合性管理,必须各相关方密切配合,才能保证企业目标的实现,由此自发地形成了"双同"活动的雏形。企业文化体系明确提出了"同在苏嘉杭,同为苏嘉杭"的"合作方"理念和"互益互惠,共荣共赢"的"甲乙方"理念,有力地推动了"双同"活动的深化。在2006年年初形成"公司高层统筹、四个层面协调、三个条线活动、九大举措并举、三种能力提升"的"双同"活动总体格局,通过向"双同"参与单位的宣贯,逐步走向理念认同,目标趋同,行动协同的目标,提升了高速公路应急情况处置、路产路权维护、服务品牌建塑能力,此后又向党建联协、联合巡查、基层一线等领域延伸和发展,2010年又按照"互利共赢"的原则和"速度、标准、形象、整顿"八字要求进一步向前推进,进一步强化和巩固了活动效应。

四、取得成效的原因分析

1. 现实需要

高速公路企业区别于其他企业的一个显著特点,在于它是依附于特定的高速公路和政府批准的收费权限而存在的,省政府批准苏嘉杭高速公路的收费年限为30年。随着营运初期的新鲜感逐步消退,以年轻人为主体的员工队伍面临着现实的思考:30年收费期预示着企业的"短寿"、依附于100公里高速公路的苏嘉杭何发展、不断重复的收费业务枯燥乏味、人的能力难有提升、个人职业生涯设计和才能发展"路在何方"?如果找不到回答和解决问题的途径,任何思想政治工作都会显得苍白无力,难有成效。在这个背景下,开展企业文化建设,有着重大的现实意义。公司的企业文化建设系统地、成功地回答了企业发展中不可回避的四个重大课题:即以什么样的理念、打造什么样的团队、通过什么样的途径、实现什么样的目标。这些问题的科学回答,在很大程度上消除或缓解了员工的疑虑和困惑,让大家看到了目标和希望。

2. 领导重视

企业文化建设需投入大量的时间、精力,资金也必不可少。没有领导,特别是主要领导的重视是难有成效的。领导的重视主要体现在几个方面:一是领导抓企业文化的意识强烈,把工作放在重要位置;二是领导亲自规划部署,既有条不紊,又扎实地加以推进;三是领导自身要有较高的文化素养,在企业文化理念的提炼和形成过程中发挥主导、核心、关键的作用;四是要重视体系形成后的宣贯实践,决不能把体系束之高阁;五是在宣贯实践中要发挥领导的表率作用,身体力行企业文化的各种理念;六是在企业日常运行中把企业文化有机融合,无形渗透,做到"润物细无声"和"水银洒地无处不在";七是把企业文化的宣贯实践工作情况和取得成效作为对部门、个人评价的重要内容,并与相应的考核奖励挂钩。

3. 机制完善

一是组织制度:建立由公司党委书记、总经理负总责,分管党务、精神文明建设的副职领导具体负责,机关各部门主要领导共同参与的组织领导制度,公司党政联席会是企业文化建设管理的决策统领机构,综合部为企业文化建设管理的日常工作部门,解决谁负责抓,哪个部门来抓的问题。二是工作制度:形成党委书记、总经理亲自抓,分管领导具体抓,各方面各层次协力抓的工作机制,明确机关各部门、公司各层级和工会、共青团等在企业文化建设中的职责、分工和工作内容。三是考核制度:把企业文化建设管理工作纳入目标管理体系,作为重要的目标任务,有计划安排,有实施步骤,有检查考核,在公司对基层的绩效考核、日常检查、中层干部的述职述廉和员工的评先评优中,都要涉及企业文化的内容。四是测评制度:建立企业文化建设测评体系,每隔一个时段(一般1~2年),对企业文化建设状况进行系统测评,找出问题和薄弱环节,加以整改、提高。五是经费保障制度:涉及企业文化建设所需投入,用预算管理和按实列支的办法加以保证。

4. 方法科学

要达到企业文化理念在员工中内化于心,外化于形,发挥作用,收到效果,要有科学的方法。在实践中主要应用了以下几种方法,形成了宣贯实践的合力。一是教育培训的方法,如公司《企业文化蓝皮书》人手一册,1+1文化营集中培训,高速公路企业文化论坛,企业文化研讨、案例分析,"一日一问",企业文化知识竞赛,企业文化大家谈活动,企业歌人人唱,各类活动中穿插企业文化知识抢答等。二是视觉强化的方法,如建立企业文化展示厅,公司虚拟网站展示,公司机关和站区队企业文化墙,企业文化宣传画,统一服装标识,VIS视觉识别手册的全面应用等。三是活动推进的方法,如企业文化理念故事征集,企业文化创新成果总结,发生在我身边的企业文化征文,以员工漫画形式编印企业文化图解集,重大活动中的企业文化因素分析,路车人摄影展和员工摄影集等。四是载体渗透的方法,如通车营运周年庆、综合竞技运动会、集体生日活动、思想政治工作研讨会、集体签订劳动合同、"双同"活动、集体年夜饭、正月初一拜年、爱心捐助、扶贫帮困、准军事化管理、季赠一书、青年志愿者等。五是工作结合的方法,如文明创建、营运特情汇编、收费十六字操作法、微笑服务练习十八法、技能等级考核、业余维护员聘用、服务承诺和便民措施、党团员亮证服务、服务标准量化,

6S现场管理标准化,服务明星和月度先进评选,班长竞聘等。六是考核测评的方法,建立测评体系,列入工作考核。

5. 员工认同

企业文化体系能否起作用、起到何种作用、作用程度如何,关键在于企业文化理念能否为员工所认同。苏嘉杭企业文化得到了员工的高度认同和肯定,具有扎实的群众基础。第一,它不是领导者的空想,也不是咨询单位从外部移植而来,而是植根于企业这块沃土,是苏嘉杭短暂历史中文化的沉淀和积累。第二,它在内涵和外延上具有鲜明的高速公路企业特色和苏州地域特点,符合时代发展的要求和趋势,满足员工对未来的期待和热盼,因而具有强大的生命力。第三,这一文化体系的形成是全体员工智慧的结晶,广大员工是这一体系的主动参与者、创造者,而不是被动接受者,所以大家都倍感自豪和珍惜。第四,在宣传的口径上,公司特别强调,作为个体,对公司的文化体系有个人的认识,或有一个逐步认识提高的过程,是允许的,可以理解的,但作为苏嘉杭员工,你必须对企业文化知晓、认同,并付诸实践,这样你才有可能成为一名合格的员工;如果你对企业文化不理解、不认同,乃至反对,那企业是不会欢迎这样的员工的。

五、在科学发展观的指导下深化企业文化建设

科学发展观提出了关系发展的科学理论。任何事物都处于不断地动态地发展之中,苏嘉杭的企业文化也不例外。无论从企业文化自身的发展,还是企业文化与企业发展的密切关系看,我们都应该重视企业文化的可持续发展问题,使其在企业发展的过程中取得自身的发展,同时又促进企业的发展,两者相互促进,相得益彰。

1. 坚持与时俱进

企业在发展之中,企业外部的环境在变化之中,例如费改税的政策变化、二级公路收费站的撤销、高速路网的完善、收费优惠政策的调整和扩大、党和政府对民生的关注和重视、民主建设的推进、对环保和生态的日益重视、各种资源的利用、新技术的发展和应用、科学发展观的提出和实践等,会对企业产生什么影响?企业文化是否要作必要的调整和完善?企业文化面对不断变化的新情况,如果抱定"以不变应万变"的宗旨,既不符合企业文化中的创新理念,又会使体系落伍,失去先进性。因此企业文化需要与时俱进,不断完善和提高。但是这种提高和完善不要打破企业文化体系的原有框架,在保持原有框架的基础上,赋予新的内涵,做出新的释义,也可以在"一心三道"的子项目中适当增加新的条目和内容,做到既保持体系的连续性、稳定性,又做到与时俱进,有所创新和发展。

2. 坚持实践原则

如果说在企业文化体系形成初期,把宣贯和实践放在同样重要的位置,是必需的,也是合适的,那么,在大多数员工对体系的主要内容已有所了解、掌握,企业文化进入长效管理以后,应当把实践放在更加突出的位置。企业文化不是为了好看,为了装门面,而是行动的指南,实践的基础。宣贯与实践相比,实践更为重要。宣贯是手段,实践是目的,宣贯是为实践服务的。一个人,即使对体系的内容背得滚瓜烂熟、了然于胸,不付诸行动,仍然是空的。因此,我们要认真研究强化体系实践的办法和措施,从制度设置、典型培育、绩效考核、先进评定、工作评价等方面,引导各级重视实践、员工自觉实践,让企业文化理念之树结出丰硕的实践之果。当然,在更加重视实践的同时,也不能忽视宣贯,尤其对新进员工,企业文化的教育

培训是必不可少的一课,对老员工,隔一两年也应重新系统地培训一下,同时,企业各类宣传形式和阵地,仍要把企业文化的宣贯作为重要内容,长期坚持不放松。

3. 坚持阶段测评

2008年年底至2009年年初,公司在全国同行中率先建立了企业文化测评体系,这是一项开创性、创新性工作,类似于贯标认证。依据这个测评体系,公司进行了首次测评,采样234份,占与公司签订劳动合同727名员工的32.18%,符合样本比例要求。测评中收集了企业20项综合数据和"一心三道"四类指标系列中11个一级指标、47个二级指标、69个三级指标、16个四级指标。经分析和评估,主要的优势强项是:①员工、司乘人员、同行及社会各界对苏嘉杭的总体评价非常高;②公司领导十分重视企业文化建设;③文化出效益;④文化提升公司品牌形象;⑤增强了企业凝聚力。主要的改进机会是:①需进一步加强员工对核心价值观和双同活动的了解和认知;②制定企业文化预算;③员工职业发展计划指南;④员工素质有待提升。分析结论和建议是:①加强在服务区、低学历、新员工群体中对公司核心价值观的宣贯,鼓舞士气;②提高员工的工资待遇,激励员工、提升品牌;③建立和扩大图书室,开展读书活动;④组织广泛的员工素质培训;⑤更加重视"五心"服务,"五星"品质;⑥建立长效机制;⑦培养劳动模范;⑧建立预算管理。通过测评,对阶段性的企业文化状况进行评估,找出成功的经验继续保持,薄弱的环节予以改进,对企业文化建设的持续提高具有十分重要的意义和非常明显的作用,今后每隔一二年,都应对企业文化建设状况进行一次测评,长期坚持,必有益处。

4. 坚持常态管理

企业文化体系形成、阶段性的集中宣贯结束后,就进入了常态管理阶段。为此公司制定了企业文化长效管理办法,对处于常态运行中的企业文化管理做出了规范,在完善五项制度、采用六类办法的基础上,明确长效管理中需坚持的七项原则,即坚持全体员工都是宣贯实践主体的原则;坚持"知、认、行、效"循环提升的原则;坚持领导率先示范的原则;坚持形式与内容相统一的原则;坚持员工自我教育的原则;坚持建设与管理、宣贯与实践并重的原则;坚持与运营管理、文明创建、日常工作有机融合的原则,以及包括建立企业文化日、评选企业文化年度十件新事等在内的15项措施,更加注重与营运管理的结合,向日常工作的渗透,员工的自我教育,制度的规范,政策的引导等,从而保证企业文化与企业相伴相生,水乳交融。

5. 坚持规律探索

企业文化,作为意识形态、精神文明,如何转化为物质力量、物质成果,应有其规律可循。遵循其规律行事,就事半功倍;反之,则事倍功半。几年来,公司在实践中摸索和积累了一些好的做法,但总体看,还处于经验层面,未上升到对规律的总结和把握。实现企业文化的可持续发展,要求我们能够探索和发现企业文化运行的内在规律,并结合实际应用于实践,以获得更好的企业文化建设效果。要重点探索企业文化理念如何为员工迅速、系统地掌握的规律,探索理念如何为员工认同并自觉转化为行为实践的规律,探索企业文化如何与企业其他方面工作互相渗透、融合的规律,探索企业文化的实际效果如何评价的规律,探索企业文化如何向"双同"单位宣贯并为他们由衷认同的规律等。在方法上,要克服夜郎自大,虚心向他人学习,取人之长补己之短;要参加专业培训,提升自己,培养公司内部一批企业文化建设管理上的业余专家;要开展专项研讨活动,集大家的智慧总结提高;要加强调研,多了解实情,了解员工,从中掌握真实想法和需求;要借脑,借助专业人士、专家团队的力量来把脉会诊,持续提高。

苏嘉杭的企业文化建设已经有了良好的开端,已经有了实际的效果;但企业文化建设有起点,无终点。有了科学发展观理论的武装,我们定能开创企业文化建设可持续发展之路,定能收获企业文化建设更为丰硕之果。

奔跑者的追求
——天津港有限公司文化建设实践

天津港是中国北方第一大港,我国重要的国际贸易口岸,现有员工2万余人。2005年港口货物吞吐量2.4亿吨,总资产208亿元,居世界港口十强。天津港在跨越发展的历史进程中,始终把加强企业文化建设作为战略之举,坚持用文化力凝聚员工队伍,促进管理变革,引领企业发展,港口综合实力和核心竞争力不断增强,先后荣获国家质量管理奖、全国文明单位、全国思想政治工作先进单位等多项荣誉称号。2005年被中国企业文化促进会评为"中国企业文化十大最具影响力企业",工作经验被收入《中国特色企业文化案例》丛书。

(一)天津港企业文化体系及其作用

天津港的企业文化体系包括三大目标、四项基本要素及十大理念,是港口发展的文化动力和精神支撑。抓住关键、加强领导,着力形成企业文化推动力,作为具有一百多年历史的"老字号"国有企业,天津港积淀了深厚的企业文化。这其中既有优秀的传统文化,也不乏陈旧的落后成分。转变思想观念,不断创新发展,必须从"头"抓起。2002年,天津港集团领导层根据当时面临的形势与任务,在认真研究和客观分析的基础上,提出了全面系统加强企业文化建设的构想。公司主要领导亲自带队,到国内知名企业考察学习,成立了以集团公司总裁为组长的企业文化建设领导小组,建立起"党委统一领导、行政全面负责、党政工团齐抓共管、主管部门协调推动、广大员工积极参与"的工作机制,把企业文化建设作为重要工作纳入公司"十五"发展计划,形成了企业文化建设的创新思路。制定颁发了《天津港关于加强企业文化建设的意见》,提出了"建设具有企业自身特色并展示公司优良文化传统、美好发展前景和时代特征的企业文化,塑造优质服务、奉献社会、务实高效的企业形象,打造富有国际影响力的著名品牌"的企业文化建设任务。集团公司主要领导利用讲座、会议、论坛、调研等多种形式带头宣讲加强企业文化建设的重要性和必要性,亲自主持召开企业文化理念研讨会,举办企业文化专题报告会,成为企业文化建设的倡导者、引领者、示范者和实践者。为进一步统一思想,更好地交流文化创新体会,集团公司每年召开企业文化论坛,对公司经营管理、企业文化建设、领导艺术、战略发展等重大课题进行研讨,一些新的思想、新的理念在企业领导层取得共识。各级骨干人员积极发挥示范带动作用,认真落实集团公司工作部署,采取有力措施抓好各项工作的推进。各基层单位高度重视,把企业文化建设纳入党政工作重要议事日程,与宣传思想工作、精神文明建设工作、经营管理工作统一规划部署,形成了领导层大力倡导和推动企业文化建设的良好局面。明确目标,健全体系,着力增强企业文化凝聚力作为天津港发展战略之一,在全面系统开展企业文化建设之初,天津港就明确提出了企业文化建设的三大目标和四项基本要素,即要把天津港建设成为一所培养人才的学校、一个兴旺和谐的家庭、一支雷厉风行的队伍;天津港企业文化要体现追求卓越、以人为本、民主性、包容性。在此基础上,采取"六步锻造法"(即调研与分析、确定实施方案、梳理传统理念、整合提炼精神文化、指导行为和视觉识别系统、应用行动辅导),构建起具有天津港特色的企业文化体系。

1. 以精神文化建设为核心,充分发挥激励功能

精神文化是企业文化的灵魂,是指导和支配员工行为的价值标准。天津港在精神文化建设过程中,充分体现员工的主体地位,发挥员工的积极作用,经过广泛征集,反复整合提炼,形成了以"发展港口,成就个人"为核心价值的理念识别系统:

企业愿景:世界一流大港、员工快乐之家。
企业使命:承载社会期盼、集散中外文明。
核心价值:发展港口、成就个人。
企业精神:团结开拓、超越自我。
服务理念:服务是生命、满意是追求。
人才理念:辟广阔天地、聚八方良才。
企业作风:令行禁止、务实高效。
市场理念:市场为导向、功能占先机。
管理理念:以人为本、科学管理。
环保理念:建设生态港口、共享碧海蓝天。

鲜明的行业特点,独具的企业魅力,充分显示了天津港企业文化的强大生命力,尤其是"发展港口、成就个人"这一核心价值理念已经得到广大员工的普遍认同,也吸引了多家企业到天津港考察交流。

2. 以行为文化建设为条件,充分发挥引导功能

企业行为文化是规范组织架构、业务流程、员工行为等活动的制度准则。它在理念识别系统的指导下发挥作用,不断塑造企业的公众形象、经营者形象,影响着企业风气的形成。天津港企业行为文化在精神文化的指导下,经过反复讨论修订,形成了《员工职业道德规范》《员工文明礼仪守则》《员工奖惩条例》等相关读本和文件,并编印成《天津港企业文化手册》和《天津港员工手册》下发到员工手中。通过建立"三级培训网络",加强对高管人员、骨干人员、普通员工教育培训,使高管人员以科学的发展观统领全局,在战略制定和实施过程中,充分体现"发展港口、成就个人"这一核心价值;使骨干人员在生产经营管理过程中自觉倡导和践行行为规范、价值理念和道德准则;使广大员工明确企业提倡什么,反对什么,知道什么该做,什么不该做,在理解和掌握文化理念中升华思想,在贯彻落实行为规范中体现个人价值。

3. 以物质文化建设为基础,充分发挥塑形功能

企业物质文化是静态识别系统,是企业的外表形象。它通过规范企业名称、标志等视觉特征,借助企业对内、对外的行为活动,把企业的经营理念、文化精神,统一完整地传达给客户和社会公众,通过强有力的视觉冲击,给公众留下深刻印象。天津港物质文化建设在理念识别系统的指导下,按照"整体设计,逐步推出"的原则,编制出《视觉识别系统手册》,于2004年转制时推出了部分应用要素,树立了天津港新的品牌形象。通过推广应用新的形象视觉识别系统,营造了团结和谐、奋发向上的企业氛围,进一步扩大了天津港的市场影响力。完善机制、规范管理,着力强化企业文化执行力。

企业文化是管理制度的导向,管理制度是企业文化的最终体现。在实践中,天津港以企业价值理念为引导,让企业文化理念体现到企业生产经营管理当中去,通过制度的强制性,使企业理念不断同化,形成执行力,最终变成员工的行为准则。

在企业文化的引导和推动下,天津港不断推进企业管理现代化进程,积极引进先进的管理理念,在产权制度、法人治理结构、组织架构、股权关系等诸多方面进行了一系列的改革。尤其是近两年,根据企业转制和建立现代企业制度的要求,天津港在干部人事制度、劳动用工制度、分配激励机制以及市场开发机制、规划建设机制等方面实施或正在实施一系列变革措施,使原有的生产、经营方式逐步得到优化,组织流程不断改进,企业和员工行为得到了进一步规范,有效地激发了企业的生机与活力。集团公司生产经营系统,坚持"以市场为导向,以功能占先机"的市场理念,坚持以功能开发带动市场开发,把客户利益放在第一位,将"服务是生命,满意是追求"的服务理念贯彻到市场开发和生产经营的各个环节。通过文化传递,进一步扩大了市场影响力,保持了港口生产形势的稳定发展;人力资源管理系统,遵循企业文化价值理念,调整和完善劳动人力资源管理制度,建立健全内部激励机制,积极推行"绩效考核,竞聘上岗"制度,使管理人员队伍通过绩效评价得到择优汰劣,使员工通过绩效管理得到持续提高和发展;企业发展战略规划部门,依据企业愿景制定了天津港未来发展战略目标,即天津港集团到2010年将发展成为世界一流的港口运营商。2015年建设成为跨地区、跨行业经营的以港口业为主营,实现多元化发展的港口企业集团。2020年之后逐步建设成为跨国经营的国际著名的港口运营商。不断植入的符合国际经济发展趋势、与市场经济运行规律相适应的价值理念和经营管理模式,使百年的历史文化积淀焕发出勃勃生机,天津港人自觉主动构建起的优秀文化,引领企业向着更高更远的目标阔步前进。

(二)提高素质打造品牌着力提升企业文化影响力

高素质的员工队伍是企业发展的牢固根基和活力之源,是提高企业核心竞争力的最终落脚点。2002年以来,天津港大力实施员工素质工程。通过各种宣传载体和阵地加大宣传力度,营造尊重知识、尊重人才、尊重劳动、尊重创造的良好氛围。通过知识技能培训和员工职业生涯设计,使员工专业技术水平和改革创新意识不断增强;通过健全完善激励机制,为员工搭建了广阔的施展才华的舞台。天津港巨大的人力资源不断转变为人才资源、智力资源和新生产力资源。"十五"时期天津港员工队伍整体素质得到较大提升,管理人员职称结构和学历结构得到较大改善。具有中高级职称人员的比例由原来的28%提高到35%,大专及以上人员比例由原来的31%提高到55%;操作人员技能等级结构和学历结构逐步优化。技师由95人增加到124人,高级工由829人增加到1060人,中级工及以上技术等级人员占技工总数的59.6%。涌现了一大批作风过硬、技术精湛的业务能手和掌握先进管理手段的专业技术人员,形成了一支优秀的员工团队。被誉为"蓝领专家"的知识型产业工人孔祥瑞就是其中的杰出代表。他在30多年的工作实践中,爱岗敬业、勤奋学习、刻苦钻研、勇于创新,自2001年至今完成技术革新发明50多项,累计为企业创造效益6200多万元,由一名技术工人成长为"蓝领专家"。他的先进事迹受到党和国家领导人的高度评价,为广大员工树立了学习楷模,为天津港树起了一面旗帜,产生了良好的社会影响。"十一五"期间,天津港已经建立了博士后工作站,并正在实施"十、百、千工程",即招聘十个博士生、一百个硕士生、一千个学士生。在以前瞻性的思维谋划全局,瞄准国际、国内市场发展大势,进一步加大港口基本建设投资力度,实施超前建设,扩大规模、提升等级,完善功能的同时,天津港还大力塑造世界一流大港的品牌形象,提高品牌信誉度,扩大品牌影响力。通过多渠道、大力度的对外宣传,极大地增强了天津港在国际、国内的知名度,"天津港"这块金字招牌正在成为企业巨大的无形资产,为天津港带来可观的经济效益和社会效益。经过多年的潜心打造,天津港企业文化实现了创新与提升。正如中国企业联合会宣委会常务副秘书长祝愈烨评价的:天津港的企业文化建设已经实现了四大转变,即从自发到自觉的转变,从局部到系统的转变,从外部到内部的转变,从传统到现代的转变,成为中国企业界典型案例和优秀样本。21世纪是科技文化迅猛发展的时代,对于一个企业来讲,谁拥有了文化优势,谁就拥有了竞争优势、效益优势和发展优势。十届人大四次会议通过的《中华人民共和国国民经济和社会发展第十一个五年规划纲要》,把推进天津滨海新区开发开放纳入到国家整体发展战略当中,天津滨海新区的开发建设成为带动环渤海区域经济发展的重要引擎,成为中国经济的第三增长极。作为天津滨海新区的重要组成部分和核心载体,天津港面临着难得的历史性机遇。天津港将继续推进企业文化创新战略,使天津港在拥有规模、等级、功能等硬件优势的同时,拥有文化优势,早日实现创建世界一流大港的目标。

质量、服务、团队、创新
——中国船级社上海规范所文化建设实践

中国船级社(CCS)是中国唯一从事船舶入级检验业务的专业机构,上海规范研究所作为其直属单位,承担了海船规范、法规的制定和维护,船舶图纸审核,技术支持等职责,是CCS科研系统的一个重要组成部分。上海规范研究所的企业文化是CCS企业文化一个重要的组成部分,它体现了时代特征、CCS特色和规范科研特点,因此,建设具有上海规范研究所特点的先进的企业文化,既是企业健康持续发展的内在需求,也是在竞争环境日益激烈形势下企业成长的现实要求。在新的历史时期推进建设具有上海规范研究所特点的先进的企业文化体系,有利于内强精神、外塑形象,提高企业在市场中的竞争能力。

(一)上海规范研究所企业文化理念体系

上海规范研究所企业文化体系通过对企业发展历程的总结,根据中国船级社业务国际性、技术权威性、服务公正性和社会公益性的特征,结合其工作特点,形成了质量、服务、团队和创新为主要内容的企业文化理念体系。

1. 质量理念:安全质量是上海规范研究所永恒的主题

上海规范研究所具有海上安全技术标准制定与执行的双重职能,其工作直接关系到海上生命财产安全、环境安全和海上安保。安全质量,是他们的信誉之本,是他们的生命,是他们的社会责任,容不得一丝马虎。全体员工对待工作质量必须从自己做起,从细节做起,严谨踏实,一次性把工作做对、做好、做细、做实,每项工作都经得起时间的考验。

2. 服务理念:满足需求,优质高效

坚持以市场为导向、以客户为中心,将满足客户(包括系统内)的需求和提供优质的服务作为各项工作的出发点和落脚点。上海规范研究所的每一个部门、每一个专业、每一个岗位都是全过程、全方位服务链的组成部分,既是为客户提供准确、及时、专业、高效服务的基础,也是内部相互服务的重要单元。

3. 团队理念：同舟共济

企业文化是企业员工公共价值观的体现，团队理念就是团队成员共同的价值观。上海规范研究所追求：目标明确、职责分明、团结协作、步调一致。他们鼓励包容、互助互爱、积极配合、群策群力，努力打造一流团队。

他们认为，每一个成员都是团队中的一分子，团队是每个成员坚强的后盾，任何成员离开了团队，很难有所作为；每一个成员都代表着其所在的团队，其所作所为直接影响着整个团队；只有每一个成员都真正融入团队，团队的力量才能充分体现。

4. 创新理念：创新是企业发展的动力

提倡员工勇于面对新技术、新问题，鼓励创新和尝试，并容许精心策划和诚实努力情况下的失败；面对竞争，他们不囿于已取得的成果，积极进取，超越自我，勇于突破。善于用新的思路、方法解决发展中的问题，不断提升技术和服务能力，创新机制，促进企业开创新的局面。

（二）上海规范研究所的企业文化特色

上海规范研究所的企业文化集优良的历史传统、管理者的领导风格、现代管理思想、员工的共同价值观于一体，充分反映了上海规范研究所全体员工的价值追求、精神面貌，也反映了企业的个性特色和发展历程。

1. 重视安全，注重质量，公正服务，诚信为本

重视安全、注重质量、公正服务、诚信为本是工作职责的基本要求，是质量体系的主要质量目标之一，是"质量船检"、"诚信船检"文化建设的重要内容，也是发展过程中沉淀下来的优良传统之一。

CCS 是国内最早建立质量管理体系的行业之一。上海规范研究所的质量体系是 CCS 主要组成部分，通过业务管理体系的建设，从流程上规范各业务开展的行为和秩序。在内部管理中，实行目标管理责任制，层层签订目标责任书、廉政责任书、治安综合治理责任书等，将安全质量、工作诚信的要求落实到每个岗位和工作流程。通过理论学习、业务培训和工作交流等方式，引导员工牢固树立"四个意识"（即安全意识、质量意识、服务意识、法律意识），坚持做到"四个不准"（即不准做有损船检形象的事，不准做有偿中介，不准违规检验，不准发人情、关系证），强化责任意识，规范服务行为。

2. 团结互助、敬业奉献、尊重包容、友爱和谐

"同舟共济"是中国船级社上海规范所共同的信念，敬业奉献是员工将实现自我价值与事业有机融合的表现，尊重包容、友爱和谐是形成团队合力的基础。

他们追求以尊重、包容、团结、互助作为全体员工的共事方式和沟通准则，积极营造民主、平等、友爱、和谐的氛围，大力倡导忠诚、爱岗、敬业、奉献的精神。

船舶检验技术标准的制定、船舶图纸的审核、船用耐火材料的试验等业务工作，需要他们进行跨部门、跨专业的协作，如每一部规范的编写，需要船、机、电、材料等多个专业、多个部门的通力合作。通过项目组、课题组的形式，实现团结协作；通过业务协调会、集体活动、团队培训等团队精神建设，增进员工间的相互了解、相互尊重、相互包容。CCS 是我国船舶检验的国家队，上海规范研究所是这个队伍中的后卫，在面对国际竞争的同时，他们承担了更重要的安全责任,面对更广的客户需求,他们把压力转化为工作的使命感和责任感,通过强化"客户意识",积极培育员工忠诚敬业、爱岗奉献的精神。

3. 严谨务实、主动高效、继承完善、创新发展

中国船级社上海规范研究所的工作直接影响海上生命财产安全和环境安全,业务工作的社会责任性要求他们的工作容不得一丝马虎,出不得一丝差错,由此培育并形成了严谨务实,认真踏实,精益求精的工作作风。"安全重于防范、责任重于泰山",造就了他们主动开展工作,高效完成任务的工作氛围。海损应急事故处理、规范标准的制定、船舶新技术的开发工作决定了他们需在继承完善的基础上,与时俱进,开拓创新,持续发展。

他们通过倡导自由的学术交流,创建宽松和严谨的治学氛围,积极宣扬自主创新的重大意义,培养员工热爱科学,崇尚科学的精神,培养科学态度和科学方法,培养具有独立思考和自主探索的创新精神与能力。通过不断努力,历年来上海规范研究所的规范科研项目多次获交通运输部、中国航海学会等主管机关的奖励。特别是2002年该所的"国际海事组织(IMO)载重线缓小船首高度与储备浮力"课题研究成果,使国际三大著名的海事公约之一的《国际载重线公约》中首次写入了中国人推导的公式,被国际海事组织前秘书长奥尼尔称为"对国际载重线公约修订做出了重大贡献"。这是我国海事科技成果在国际上的重大突破,具有里程碑式的历史意义,该研究成果被《中国船舶报》评为2002年十大船舶科技新闻之一,并获得了2003年度中国航海学会科技进步唯一的一等奖。

4. 以评先创优活动为载体,加强精神文明建设,形成公开、公平、公正的激励文化

上海规范研究所坚持"两手抓两手都要硬"的方针,把两个文明建设交通企业文化作为统一的奋斗目标,一起部署,一起落实,一起检查。以开展"三学四建一创"("三学":个人学包起帆,集体学华铜海轮,单位学青岛港;四建:建设安全质量文化工程、建设检验服务旗帜工程、建设管理科技创新工程、建设增收节支效益工程;"一创":争创中国船级社双文明建设先进单位)活动为载体,结合单位实际,进一步加强精神文明建设,积极开展各项创建活动,并将创建活动与所各项改革和发展工作有机结合;与各项业务工作有机结合;与年终评比活动有机结合,形成公开、公平、公正的激励文化,充分调动全所员工的工作积极性、主动性、创造性,催生创新的能手、创优的标兵。

为了使评先创优活动能够公开、公平、公正,并形成制度化,制定了一系列相关的规章制度,例如《上海规范研究所文明处室评比条例》《上海规范研究所先进工作者评选条例》《上海规范研究所先进党支部、优秀共产党员和优秀党务工作者评选条例》《上海规范研究所工会先进集体、优秀工会工作者和工会积极分子评选办法》《上海规范研究所优秀团支部、优秀团干部和优秀团员评选条例》及《上海规范研究所合理化建议奖励办法》等。每项评比活动都要经过个人自荐、部门推荐、评审小组考核、所党委会或办公会审议等一系列公平、公正、公开的程序。

通过评选创优活动,鼓励先进,表彰先进,营造积极向上、乐于奉献的工作氛围,在精神上关注、引导、激发员工的工作积极性和主动性;为员工获得工作的成就感和责任感创造条件与环境,使个人的潜能得到充分发挥,扶助员工自我成长。通过大张旗鼓地表彰和宣传身边先进人物和先进事迹,给人启迪,催人奋进,广大员工感到先进人物就在自己身边,看得见、摸得着、可望而可及,比学赶超有目标;先进人物感到领导和员工时刻在关注自己,继续奋进就有了新的动力。

5. 结合思想政治工作,加强宣传教育,打造凝聚力工程

上海规范研究所把企业文化建设作为企业的思想政治工作的重要载体,不断推动企业精神文明建设再上新台阶。实际工作中,他们通过所内部信息网、内部刊物——《上海规范》等多种方式宣传该所业务技术成果、先进人物、事迹,及时快捷地传播企业文化,深入强化各级领导干部的政治意识、责任意识、大局意识,更好地发挥宣传、教育、动员、激励作用,对凝集队伍和鼓舞士气起到了积极的作用,增强了员工对企业文化的认知程度和执行力度,进一步提高了企业文化建设的吸引力、感召力和战斗力。同时,他们积极加强与当地相关部门的联系,定期向上级主管机关及宣传媒介投稿,展现该所的规范科研、审图、试验、培训、翻译风貌,提高了该所知名度。

用心血熔铸核心理念,让企业文化生生不息
——江苏省交通科学研究院股份有限公司

江苏省交通科学研究院股份有限公司(江苏交科院),成立于1978年,2002年实现由事业单位成功转制为科技型企业有限公司,2008年又整体变更为股份有限公司。

体制、机制、技术的创新,带动了江苏交科院跨越式发展。目前,江苏省交科院业务领域涉及公路、市政、水工、城市轨道、铁路、航空和建筑、环评等行业,形成了以规划咨询、勘察设计、科研、试验检测、质量管理咨询及新材料、新技术和新产品研发为核心业务领域的企业集团。

在省交通运输厅、交通企业协会各级领导的关怀指导下,公司在业务发展领域和企业文化建设方面取得了长足的进步。

一、业务发展领域建设成果

江苏交科院始终以"为交通事业持续贡献新技术、新产品"为使命,秉承"关注客户、发展员工、崇尚合作、鼓励创新、重视绩效"的核心价值观,朝着"成为国内一流工程咨询公司"的目标阔步前行。

(1)从行业地位来看,2006年,被科技部认定为"国家火炬计划重点高新技术企业";2008年,公司被江苏省科学技术厅、财政厅、国家税务局、地方税务局认定为"国家级高新技术企业"。连续四年被美国ENR评为"中国勘察设计企业60强"。2008年,被2007ENR/建筑时报评定为"2007最具成长性的工程设计企业"第5位。

(2)从业务覆盖范围来看,覆盖29个省、自治区、直辖市。

(3)从业务承接额来看,主营咨询业务承接额从改制前的近3000万元,发展到2009年的7.2亿元,其中,省外3.3亿元(占46%)。

(4)从交通行业人员培养来看,集团员工人数从改制前的100多人发展到如今的2000余人,其中,中高级人才达530人,形成了一支包括"333高层次人才培养工程"中青年科技领军人才、享受国务院特殊津贴专家、全国百名优秀工程师、"新世纪十百千人才工程"第一层次等高层次人才在内、专业配置齐全、结构合理的科研创新队伍。

(5)江苏交科院努力打造交通行业技术平台:

1996年　江苏省公路运输工程重点实验室(省交通厅)。

2004 年　江苏省公路桥梁工程研究中心(省科技厅、交通厅)。
2006 年　国家重点高新技术企业(科技部)。
2007 年　博士后科研工作站(人事部)。
2008 年　长大桥健康监测与诊断技术交通行业重点实验室(交通运输部)。
2008 年　江苏省路面养护技术工程中心(省发改委)。
2008 年　江苏省桥梁质量检测与营运安全评价公共服务平台(省科技厅)。
2009 年　企业院士工作站(江苏省)。
2009 年　国家创新型试点企业(科技部等)。

(6)从核心技术来看,沥青路面技术处于国际领先地位,累计服务的高速公路里程达10000公里。先后获得国家和省部级以上的成果奖励158项,专利60项。其中发明专利29项,实用新型专利29项,外观专利2项。

二、企业文化的形成

江苏交科院企业文化的形成,是全员参与、逐步凝练的过程。2004年邀请合益(HAY)公司作人力资源管理咨询,成为江苏交科院管理创新和企业文化建设的一个重要里程碑。

(1)邀请管理咨询公司,填写文化诊断问卷。

(2)开展中层以上人员的研讨会,组织全员参与企业文化建设讨论,排列出12种首选文化属性,作为最应鼓励价值观和行为的基础。

(3)对工作文化进行诊断,明确本企业工作文化模型。

(4)基于战略和目标,提炼公司的核心价值观、愿景、使命。

(5)从高层、中层、员工三个层级上探讨沟通,以公司战略实施计划为行动纲领,多级共同创建企业文化。

通过全员参与和逐步凝练,企业文化核心组成部分的愿景、使命、价值观得以明确。

1. 江苏交科院愿景(Vision)

成为国内一流的工程咨询公司。

2. 江苏交科院使命(Mission)

为交通事业持续贡献新技术、新产品。

3. 江苏交科院核心价值观

关注客户、发展员工、崇尚合作、鼓励创新、重视绩效。

4. 公司 logo 的内涵

标志的外形是由正方形嵌入平滑曲线加上英文缩写组成,标志设计借用了中国印章篆刻的手法。主导颜色采用蓝色,代表庄重高贵、严谨深邃、博大精深的科学内涵,同时具备一定的视觉冲击力。

标志的正方形分割动感流畅,表现出"成为国内一流工程咨询公司"的企业愿景;标志中的镂空部分,形似平滑的大道,象征着交通领域事业及公司"为交通事业持续贡献新技术、新产品"的企业使命;白色部分,在强化视觉效果的同时,更隐喻在未知领域里的探索、攻关的品质;图形形似一面飞扬的旗帜,代表着江苏交科院将成为交通行业的一面旗帜,同时也具有强烈的警示意义:面对优胜劣汰的激烈竞争,必须不断进取、永不停歇,否则将被市场淘汰。

标志系统展示了江苏交科院人的愿景、使命、精神状态,表达了对股东的负责,对员工的关怀,对客户和社会的奉献,寓意了"关注客户、发展员工、崇尚合作、鼓励创新、重视绩效"这一核心价值观,体现了对"成为国内一流的工程咨询公司"这一目标的不懈追求。标志内涵丰富,催人奋进。

公司 logo 及企业核心价值观作为企业文化的标志和主要内容,在公司的文化宣传中得以展示。公司岗位证、信封、台历、手拎袋等都是企业文化宣传的载体。

三、企业文化建设方式及开展情况

愿景、使命与核心价值观作为企业文化的精髓,贯穿于江苏交科院企业文化建设始终。

(一)关注客户

我们强调理解客户的观点,恪守对客户的承诺,推崇为客户创造价值。

1. 制度与组织层面

成立独立的营销与客户维护部门——经营部,打造和锤炼营销体系;形成以项目制为核心的业务运作模式,强调客户需求导向,使业务所与营销人员分工协作。

2. 运作层面

关注客户需求,维护客户资源;通过客户回访和客户意见反馈的形式,进行客户满意度调查;建立客户投诉渠道,收集客户意见;将客户维护情况列入营销人员考核考查指标中。

(二)发展员工

我们倡导员工价值的充分体现,努力打造一流员工队伍,实现员工与公司的共同成长。

1. 组织层面

人力资源管理的专业化:以优秀企业为标杆,打破以简单人事管理为主的人力资源管理模式,建立了知识型企业的 HRM 模式。

成立党校及方山大学,为知识型员工的知识增值和自身价值增值提供帮助。

打造专业化组织,在技术、营销、管理三条专业线上培育复合型人才。

与多家名牌大学成立校企联合培养基地。

参与政府人才培养计划,为国家奉献交通行业专家和人才。

建立内部沟通机制。

对模范行为和先进人物进行表彰,以资鼓励。

开展党员活动。

支持员工自发的七大兴趣协会活动,为协会活动注入资金支持。

2. 运作层面

开展任职资格认定,将资格认定结果与薪级调整、考核结果、个人贡献挂钩。

通过社会资本的积累和调动,帮助员工在外部职称和资格上得到提升。

开展干部管理,实施继任者计划,使员工与公司共同发展。

运用科学调查工具,开展组织氛围建设。

倡导公司内"职业发展规划"的理念,帮助员工在职业发展上有突破和提高。

3. 员工层面

培训:开展内外部各级培训及学术技能交流会议,给员工自我增值提供帮助,在内部形成浓厚的学术交流和知识传播氛围。

内部期刊:创建多种内部期刊,给员工的知识交流和风采展示提供平台,如《交科之声》、《秘书风采》、《绘图之窗》等。

奖励及激励:即时奖励、月度奖、季度奖、年终奖,对先进人物、模范行为进行表彰。

员工活动:员工自发成立七大兴趣协会,覆盖人员广泛。

七大兴趣协会:篮球协会、足球协会、乒乓球协会、羽毛球协会、摄影协会、游泳协会、曲艺协会。

现有的内部刊物:院报、《交科之声》、《秘书风采》、《绘图之窗》。

(三)崇尚合作

提倡团队合作、开诚布公、相互支撑、分享成功。

1. 对外合作

开展国际性的学术交流会议;与国外科研院所合作研发(目前与德国、美国等国科研院所有合作项目);与名校联合成立校企培养基地(与南京航空航天大学等成立培养基地);通过联合体投标等形式,与国内兄弟院所合作,共同推动交通事业发展。

已开展的学术交流会议:

2001—2008 年 80 批次、152 人次国际交流;

2004 年全国交通系统唯一"国家引进国外智力示范单位";

2009 年 10 月,协办混凝土桥梁国际会议;

2009 年 11 月 2~4 日,承办国际橡胶沥青大会;

2009 年 11 月 3~4 日,协办"崛起中国桥梁自主创新之路"主题系列活动;

2009 年 12 月 2~4 日,协办"桥梁技术国际峰会 2009";

2010 年 5 月,协办第七届国际索承桥梁运营商会议;

2012 年拟办世界"重载和超载对路面性能影响"专题研讨会。

海外市场开拓:2007 年阿尔及利亚东西高速公路中心试验室、管理培训、科研;2010 年安哥拉社会福利房总承包项目。

2. 对内合作

倡导不同业务所之间的项目合作;以项目制运作方式为例,倡导业务部门与职能部门、营销部门的合作。

(四)鼓励创新

追求卓越,鼓励服务、技术、产品和管理等一切创新活动。

1. 组织保障

成立学术委员会;

整合打造创新型业务所(设计、检测、科研等);

成立 2 个省级重点实验室,打造国家重点实验室;

加大对科研创新项目的政策倾斜力度,在 R&D 资金投入、成果激励两个方面鼓励新技术、新产品、新服务。

2. 管理创新

将创新作为打造品牌价值和市场影响力的动力。

(1)物质层面。

设立集团荣誉奖项,所设即时奖励、月度奖励、季度奖励和年度奖励类别,其中内部荣誉奖项20项。

(2)行为层面。

董事长和总裁为新进员工授课,讲述公司发展史以及企业核心价值观,高层领导作以表率;

建立素质模型,在各个职位族之间将任职素质与企业的价值观进行匹配;

自2009年起,采用Q12做员工敬业度和满意度调查,用于测评公司组织氛围;

开通公司信息化平台,E平台;

通过"合理化建议"渠道的开通,征集员工的建议,对采纳建议进行奖励并做宣传;

作为管理上的创新,采用项目制业务运作方式。

(3)制度层面。

每年对公司发布制度进行核心价值观吻合度的评价。

江苏交科院为交通行业贡献的新技术、新产品、新服务。

沥青路面技术处于国际领先地位,累计服务的高速公路里程达10000公里。

建成投入两个重点实验室:长大桥梁健康检测与诊断技术交通行业重点实验室;江苏省交通运输工程重点实验室。

2006年,被科技部认定为"国家火炬计划重点高新技术企业"。

2008年,被江苏省科学技术厅、财政厅、国家税务局、地方税务局认定为"国家级高新技术企业"。

(五)重视绩效

注重执行,要求专业和规范,奖励优异业绩。

组织层面开展工作:

根据战略实施规划,制定每年的战略完成目标;

开展绩效管理,建立和完善分层分级的绩效考核体系;

将绩效考核结果作为工作输出质量的经济调节杠杆,与岗位任职、人员晋升、薪酬等级挂钩,直接影响员工收入;

绩效考核结果强制比例分配;根据考核结果,保持一定淘汰率;

对于绩效不佳人员,进行周期性的绩效辅导,打造高绩效团队。

四、近几年部分企业文化建设成果

(1)全国交通企业文化建设优秀单位等;

(2)自2002年起,多个部门连续8年获得省级机关、机关性质"青年文明号"荣誉称号;

(3)2010年被江苏省交通运输厅授予"江苏省交通运输行业队伍建设工作先进集体"称号;

(4)2010 年被江苏省勘察设计协会授予"江苏省勘察设计行业优秀企业"称号；

(5)2010 年被江苏省勘察设计行业授予"江苏省勘察设计企业综合实力排序前 30 名"称号；

(6)2009 年"江苏省企业院士工作站"在江苏交科院揭牌；

(7)2009 年获得"江苏省交通运输行业和谐劳动关系先进集体"；

(8)2009 年桥梁所被江苏省总工会授予"江苏省工人先锋号"荣誉称号；

(9)2009 年被授予"南京市三信三优单位"荣誉称号；

(10)2008 年被江苏省红十字会授予"人道博爱奉献"奖牌；

(11)2007 年被中国交通企业管理学会、交通行业优秀企业管理成果评审委员会评定为"全国交通企业文化建设优秀单位"；

(12)2007 年被中共江苏省交通厅党组授予"五好党支部"荣誉称号；

(13)2005 年被江苏省总工会、江苏省文明办授予"江苏省五一文明班组"。

以文兴企,情满旅途
——青岛交运集团文化建设实践

青岛交运集团是交通运输部重点联系企业,中国服务业 500 强企业,中国物流百强企业,其服务品牌"情满旅途"是全国道路运输业第一个注册服务商标。集团经营范围涉及交通综合运输、海陆空运代理、综合进出口贸易、国际国内物流、商贸购销运存、宾馆旅游娱乐、系列交易市场等领域。"情满旅途"是中国道路运输业第一个服务品牌。青岛交运集团是全国道路运输业第一个导入 CIS 的企业集团,被评为 2005 年度中国服务业 500 强企业、2005 年度中国物流百强企业第 20 位,2003 年度全国质量效益型先进企业,交运集团是国家级守合同重信用企业、AAA 级信誉企业,交运文化被评为全国企业文化创新实践奖、中国企业文化建设二十年企业文化建设实践奖、全国企业文化建设先进单位,"情满旅途"服务品牌被评为全国用户满意服务、全国质量品牌与企业文化经营论坛十大质量品牌文化奖、改革开放二十年感动青岛十件大事,青岛交运集团所属的青岛长途汽车站被评为全国创建文明行业工作先进单位、全国精神文明创建工作先进单位。

(一) 文化创造价值

从简单的扶老携幼到文化服务,从传统经营到品牌经营,从传统服务业到现代服务业,青岛交运集团以文化使服务增值。"从客户最希望的事做起",这是交运文化的切入点。

1995 年前后,青岛市客运长途车增势迅猛,市场竞争日益激烈,国有专业运输企业陷入重重包围之中,一时间交运集团客运业的发展步履维艰。面对激烈的市场竞争,交运集团意识到:随着人民生活水平的不断提高,老百姓对运输服务的要求标准也不断提高,不仅要求运输安全、及时、经济,还要求舒适、精神的愉悦感和文化享受。1995 年 7 月 11 日,青岛交运集团长途汽车站创意发起了"情满旅途联手大行动"。"情满旅途"从车站到旅途优质服务全过程抓住了"情"字,抓住了传统文化与当代文化的交汇点。因此,"情满旅途联手大行动"一提出就由青岛一地一企扩展到全国 50 余家客运站点,成为全国公路客运行业的共同行动,并迅速成为社会关注的焦点。为使"情满旅途联手大行动"活动深入开展,配套推出了

"情满旅途"五大工程:管理创新工程、星级服务工程、技术进步工程、形象塑造工程和凝聚力工程。1998年,青岛交运集团在国家商标局申请注册了"情满旅途"服务商标,从此一个服务品牌用法律的形式确立下来。"情满旅途"从长途汽车站的一花独秀迎来了交运集团的春色满园,并从集团的客运业迅速延伸到集团其他经营板块。"情满旅途"使交运集团在同行业中脱颖而出,并在激烈的市场竞争中站稳了脚,经济效益逐年递增,市场领域不断拓宽。

随着"情满旅途"服务品牌的成长,企业文化建设与品牌塑造如何有机结合成为摆在交运人面前的一个新课题。在创建品牌和服务实践中,交运人赋予了"情满旅途"丰富的文化内涵:"情"是核心,使员工对企业倾注深情、对顾客满怀亲情、对社会奉献真情;"满"是标准,以顾客和员工满意度为评价标准,不断提高员工对岗位的忠诚度和顾客对企业的忠诚度;"旅途"是过程,做到全方位、全过程的优质服务,在奉献的过程中实现员工的人生价值和企业报效社会的职责。"情满旅途"品牌的广告语是"交的是朋友,运的是真情"。"情满旅途"的实质就是把服务和人与人之间的关系情感化,使企业有灵魂,员工有归属感,使顾客从认同到共鸣到满意再到忠诚。

青岛交运集团于1999年成立CIS企业形象策划小组,对交运文化进行系统的研究。一是发动职工群众总结提炼交运文化,突出交运文化建设的群众性;二是营造文化氛围,加强企业文化的渗透性;三是采取各种形式,加强培训考核,突出交运文化建设的系统性;四是把推进交运文化建设与强化管理融为一体,突出交运文化建设的规范性。通过一系列前期准备工作,交运集团于2000年成功全面导入CIS,统一了文化理念、行为规范和视觉识别,树立了崭新的企业形象。创新是一个企业进步的灵魂,是一个品牌发展的活力源泉。企业文化要随着企业的发展不断进行版本升级。2005年集团又进行了第二轮交运文化新理念征集活动,发动各企业、单位共征集理念用语2000余条,确立了交运集团"真心真情、专心专注"的现代企业新形象。

通过企业文化建设的探索实践,交运集团逐步形成了以"情满旅途"品牌为主体的"123451"文化体系和"主+多+群"的品牌经营管理模式。"123451"文化体系即一个品牌。一个主体:"情满旅途"品牌是交运文化的主体;两个力:文化力推动经济力、情感力增强凝聚力是交运文化产生作用的效果;三情理念:情满家庭、情满企业、情满社会是交运文化领域的延伸;四种精神:诚信精神、创新精神、团队精神、奉献精神是交运文化的价值体现;五大工程:技术进步、管理创新、星级服务、形象塑造、精神凝聚是交运文化的保障规范;一个目标体系:不断提升发展的目标是交运文化追求的目的。"主+多+群"的品牌经营管理模式即:"主"就是一个主导品牌,"情满旅途"品牌是主导品牌,全集团共打一个品牌,一个品牌是交运文化的主体;"多"就是多种特色服务,在不同的经营领域上推出赋有个性的特色服务,多种特色服务是"情满旅途"的支撑;"群"就是群体品牌员工,在各企业、单位的不同工作岗位推出品牌员工示范典型,品牌员工是多种特色服务的基础。

为了细化市场满足新需求,交运集团在不同的经营板块推出新服务。长途汽车站推出"苏学芬工作法"、长途客运推出"阳光快车"和"便民巴士"、城市公交推出"温馨巴士"、城市出租推出"敬老车"和"文明使者"、货运车队推出"连心货运"、物流场站推出"真情24小时"等。"情满旅途"特色服务是根据市场细分的原理,针对不同的顾客需求提供个性化服务。特色服务的创建使"情满旅途"服务品牌增添了新的生机与活力。特别是2005年,集团将1500余辆城市公交车全部统一了品牌色彩"交运绿",并制定《交运品牌出租服务、管理标准》,使交运出租成为岛城亮丽的风景线。

服务是一种特殊的情感式劳动,情感需要人去传递,这就要求有一支高素质的员工队伍。青岛交运集团制定了《青岛交运集团品牌员工管理办法》。交运集团品牌员工是指熟知交运文化,认同交运文化,具有强烈的品牌意识和团队精神,视交运品牌形象为生命,以交运事业发展为己任,敬业爱岗,勇于奉献,在工作岗位或重大活动中为交运事业做出突出性贡献,具有不可替代性的优秀交运员工。集团根据不同的业务经营特点在不同的岗位选树品牌员工标杆,第一批选树的品牌员工共有19位,其中长途汽车站迎门班班长、全国劳动模范苏学芬以独创的"苏学芬工作法"当选。2004年集团还专门投资建设了员工拓展培训基地,把学习交运文化、学习专业技术和室外拓展培训有机结合,为建设一支过硬的品牌员工队伍打下了坚实的思想和理论基础。拓展培训绝不是过去那种听听课、考考试的灌输式培训,而是一种互动性的思维开发培训。这种互动性的思维开发,不仅体现在课堂上的互动式教学法,而且更体现在"听、看、做、想"的户外、室内拓展训练项目上,即便是一些带有增强体能性质的团队游戏和训练项目,也并非以单纯的体能训练为主,而是围绕着挑战极限、超越自我、改善心理素质和心智模式、加强作风建设、增强组织纪律性和发扬团队精神来展开,是趣味性、直观性、启发性和实用性的完美结合。2004年交运集团对全体管理干部全部进行了拓展培训,2005年结合开展"强素质、练绝活、创品牌活动"重点进行专业技能培训。目前,交运集团培训基地被青岛市劳动局确定为:"青岛市高级技能培训基地"。集团开展以"爱岗敬业、一专多能"为主题的企业生产运动会,通过比赛评选出各工种业务状元,并大张旗鼓地进行宣传和奖励。品牌员工和业务状元就是交运文化在员工身上的具体体现,他们带动了整个员工队伍"强素质、练绝活"工作氛围的形成,并为实施文化服务打下了坚实的基础。

以"情"为核心的品牌经营和企业文化建设在青岛交运集团内部带来了一场服务革命,这场服务革命带来的结果是员工思想意识上的转变和服务方式的变革,从仅着眼于售票的简单劳动和开车的简单位移,发展到个性化、情感式的文化服务,在消费者眼中交运崭新的企业形象也树立起来了,文运文化赋予了交运服务更深层次的价值,并形成了交运稳固、忠诚的客户群体和员工群体。

(二) 细节创造感动

"比顾客的需求做得更好",这是交运人的服务理念。让顾客满意,就是要从关乎顾客的细微事做起。交运"情满旅途"服务,没有做惊天动地的大事,细微之处见真情,交运人就是用这些平凡事创造着感动。

全国劳动模范、青岛长途汽车站迎门服务班班长苏学芬用20多年的服务实践总结了一套"苏学芬工作法"。"苏学芬工作法"的实质是"个性化的情感式服务",特点是"五心":主动迎宾,服务热心;体贴入微,服务细心;百问不烦,服务耐心;满腔真情,服务诚心;温馨周到,服务舒心。"苏学芬工作法"的基本功是"一分析、二交流、三听、六看"。一分析:分析旅客心理,掌握旅客乘车动机;二交流:通过语言交流,与旅客建立良好关系,以达到情感沟通;用外语(英语或日语)、哑语(肢体语言)交流,掌握特殊旅客的动态;三听:听口音、听问话、听对话,掌握普通旅客的需求;六看:看服装打扮、看年龄体态、看携带物品、看面目表情、看同行伴侣、看举止行动。进而从整体上明确旅客群体的服务需求和特点,为其提供相适应的服务,及时帮助他们排忧解难。苏学芬的这套岗位绝活,是经过二十几年服务工作的锤炼和自己用心的揣摩练就的。她曾用她的工作法挽救过轻生少女、协助抓获过小偷、送迷路的老人回家、帮外地旅客找到亲人等。2004年7月29日下午,温家宝总理在北京接见全国数百万交通职工中的11名交通系统劳动模范时对苏学芬说:"你们接待的很多客人,都是在一线劳动的工人、农民吧?所以你们的工作更辛苦,更需要职工们对旅客有一种感情,你们要带着感情搞好服务"。温总理的一席话,点出了"苏学芬工作法"的精神内核。青岛交运集团长途汽车站在服务实践中推出了20多项满足旅客需求的特色服务,如旅客代表制、托运老人、邮寄儿童、重点旅客服务、绿色通道、文化长廊、人车联检、外语导乘、钟点旅馆等,细致入微的服务使长途站形成了自己忠诚的顾客群体,连续多年营业额突破亿元大关。交运一运公司经营的"温馨巴士"公交车,自2000年10月营运以来,承"情满旅途"的文化理念,以"比顾客的需求做得更好"为服务标准,围绕精心设计的"温馨巴士"特色服务经营方案,不断进行服务创新,创建了20多项具有较高文化品位和情感诉求的文化服务项目。在"温馨巴士"的驾驶室旁边,摆放着一个"零币兑换盒",随时可为旅客兑换零币;车门旁设有"自动雨伞套",雨天可避免雨伞沾湿旅客衣服、弄湿车厢;车厢两旁张贴有青岛主要风光景点的精美图片和文化宣传语;夏天车座铺凉席、车窗挂白色纱窗帘,车厢内充盈着丝丝凉意;冬天车把手用绒布套包裹,暖手更暖心;更方便的是223路"温馨巴士",车上还设有邮箱,邮局每天按规定时间开启,目前已邮信近万封,无一差错。交运"温馨巴士"以文化服务赢得了市场,经营规模逐年递增。2005年6月,青岛交运集团与世界500强企业韩国韩进集团签署物流合作协议。打动韩进的不仅是交运的客户网络平台、企业实力和企业发展前景,而是交运注重真情、注重细节的企业文化。韩进社长在交运集团考察期间,看到了交运集团的企业文化馆,看到了赵总给员工亲笔签名的生日贺卡,交运集团以"情"为核心、以人为本的企业文化使韩进找到与交运合作的情感共鸣点和沟通平台。交运与韩进的合作可谓强强联合、结盟取胜,对推动山东半岛物流业的发展将会产生深远影响。

细节创造感动,真情温暖人心。"情满旅途"感动了南来北往的旅客,也感动了青岛这座美丽的城市,体现在细微之处的真情为交运赢得了忠诚的客户群,也赢得了广大市民和社会各界的赞誉。2003年9月,"情满旅途"服务品牌被青岛市市民评选为改革开放20年感动青岛的十件大事之一,广大市民充分肯定了"情满旅途"品牌在拉动青岛市服务品牌发展的历史价值,交运"情满旅途"品牌和交运文化在丰富青岛市城市精神的进程中获得历史定位。"情满旅途"被中国质量协会用户委员会评为"全国用户满意服务",被《中国名牌时报》誉为中国交通第一品牌。2004年,交运品牌员工苏学芬被青岛市民评为2004年度感动青岛的十大人物。

(三)品牌创造市场

"今天的形象就是明天的市场"是青岛交运集团总经理、党委书记赵迎春的经营格言。品牌就是企业的市场形象,而企业的市场形象又创造了一个巨大的市场空间。

2000年,青岛市为打破城市公交垄断局面,将部分公交线路的经营权面向市场公开招标,已经全面导入CIS成功实现了从传统经营向品牌经营的青岛交运集团以良好的品牌形象,丰富的服务文化赢得了广大市民和主管部门的信任,一举中标六条招标线路中的五条,交运集团成功进军城市公交,鲜明的品牌形象获得了市场的认可,交运公交"温馨巴士"自2000年10月营运以来,秉承"情满旅途"的文化理念,以"比顾客的需求做得更好"为服务标准,围绕精心设计的"温馨巴士"特色服务经营方案,不断进行服务创新,创建了"自动雨伞套机"、"双语报站"等20多项具有较高文化品位和情感诉求的文化服务项目,充分展现了岛城新公交的新形象。交运"温馨巴士"被评为青岛市精神文明建设优秀案例,被中国质量协会评为"全国用户满意服务","温馨巴士"服务班组又被中国质量协会授予"全国用户满意服务明星班组"荣誉称号,成为"情满旅途"品牌的有力支撑,是岛城的一张温馨亮丽的名片。涉足城市公交,交运收获的不仅是经济效益,更重要的是口碑效应。2003年,鉴于交运的突出表现,市有关部门又将新开辟的605路、606路及胶南市开发区4条公交线路放心地交给了交运集团运营。

多年来,青岛货运配载行业小而散,竞争无序,原本成长性极强的市场遭受破坏。2002年9月,交运集团货运配载市场正式启动,为外地来青岛货车提供停车、食宿、分驳、配载服务,在"情满旅途"品牌基础上,交运推出"诚信每一刻"、"十分钟到位服务制",迅速赢得市场。交运集团又迅速启动了位于青岛市交通要道的多个货运交易市场。青岛货运配载有了领军者,货运配载行业无序竞争的局面得以改观,使得整个行业稳步健康发展。货运配载领军地位巩固后,交运又开辟城市配送业务,推出了都市"快直送"特色服务,同样是基于"情满旅途"之上进行品牌延伸——"比顾客的需求做得更好",该服务理念迅速深入人心,家世界、好美家、百安居、欧倍德等内外资巨头,均是交运的稳定客户。

2005年年初,从事个体运输十多年、有30多辆营运车的胶南私营业主刘先生,主动加盟交运集团崂山运输公司,双方合作成立青岛胶南崂运集装箱运输有限公司,交运集团以"交运文化"和"崂运"名称参股。按照企业章程规定,新公司每年向崂运公司支付10万元无形资产使用费。"投靠交运集团的主要原因是,我看好'情满旅途'的品牌效应。"刘先生说,与崂运公司合作两个月后,借助"情满旅途"的名气,"胶南崂运"已与三家大客户建立了合作意向,业务额达300多万元,品牌优势和文化优势初步显现。集团先后与美商邦联、日本日立日新物流公司合资经营现代物流业,并进入国际物流市场。集团与世界10大船公司之一的以色列以星轮船公司、东亚香港公司合资经营陆海物流运输。2002年交运集团与山东海丰航运集团、巴拿马船运公司在青岛经济技术开发区合作建设了占地1000余亩的青岛前湾国际物流工业园,吸引了以色列以星轮船公司、丹麦马士基物流、新加坡胜狮货柜、韩国韩进集装箱、日本伊藤忠商事爱通国际物流等国际物流大企业入驻加盟经营。2005年集团与世界500强的韩国韩进正式在韩国汉城(现首尔)签约合作经营现代物流项目。"交运集团能与山东海丰、巴拿马船运合资建起占地千亩、国内最大的物流工业园,能引进世界知名的500强企业,合作伙伴们看中的是交运的品牌效应。"这是合作伙伴们在合作成功之后说的心里话。2004年青岛交运集团名列全国物流百强企业第19位。

2005年集团营业收入是集团组建之初1995年的3.2倍,实现利润比2004年提高4%,是1995年的4.4倍;完成客货综合周转量14.6亿吨公里,是1995年的2.7倍,实现了"平安交运"的各项目标;品牌知名度和美誉度显著增强,集团的综合实力得到进一步提升。依托交运文化和"情满旅途"品牌优势,青岛交运集团正在构建以客运旅游、现代物流和汽车服务三大板块为主体的经营格局,并在"情满旅途"服务品牌创建十周年之际确立了集团发展的基本定位:1995—2004年,以创建"情满旅途"品牌为标志,集团走过了品牌创建的第一个十年;2005—2014年,集团第二个十年要推进做大、做强、做优,以"情满旅途"品牌走向国际为标志,实现品牌扩张;2015—2024年,集团第三个十年要推进国际化战略,以"情满旅途"品牌跻身国际名牌行列为标志,实现品牌集群。
"交的是朋友,运的是真情",交运人将传承"比顾客的祷求做得更好"的服务理念,为中国服务文化的推进做出积极贡献。

附:青岛交运集团企业文化理念

一、企业使命:社会需要交运,交运奉献社会

二、企业精神:勇于创新,诚于真情

三、经营理念:坚持市场导向,强化专业服务,拓展品牌经营,创新交运

四、管理理念:严、细、实、恒

五、服务理念:比顾客的需求做得更好

六、工作作风:用心动脑,优质高效

七、座右铭:珍惜每一天,用心做好每件事

八、集团广告语:交的是朋友,运的是真情

九、人才理念:干事靠人,成事靠才

十、营销理念:从客户最希望的事情做起

十一、学习理念:学习成为习惯,知识改变命运

十二、安全理念:一点不差,不差一点

十三、执行理念:不折不扣,亲力亲为

十四、形象宣传关键词

  1.今天的形象就是明天的市场

  2.真心真情,专心专注

附录一

交通运输部：打造交通运输文化建设"十百千"工程

导读：当前，交通运输行业已进入一个发展的重要战略机遇期，交通运输发展面临新形势、新趋势、新任务、新挑战。交通运输部提出了构建交通运输行业核心价值体系，打造交通运输文化建设十百千工程的总体思路和构想。

当前和今后一个时期（五年），交通运输文化建设工作的总体思路是：全面贯彻党的十七大和十七届四中全会精神，以邓小平理论和"三个代表"重要思想为指导，深入贯彻科学发展观，以建设社会主义核心价值体系为根本，巩固已有成果，正视存在问题，深化文化实践，构建交通运输行业核心价值体系，打造交通运输文化建设"十百千"工程，即打造十大交通运输文化品牌，创建一百家交通运输文化建设示范单位，培养一千名交通运输时代楷模，不断开创交通运输文化建设工作的新局面。

一、不断丰富和构建交通运输行业核心价值体系

一个民族，一个国家，如果没有自己的精神支柱，就没有灵魂，就会失去凝聚力和生命力。交通运输行业核心价值体系就是行业的灵魂和精神支柱。行业核心价值体系由行业使命、共同愿景、交通精神、职业道德四部分构成。行业使命是：发展现代交通，做好"三个服务"；共同愿景是"建设一个更安全、更通畅、更便捷、更经济、更可靠、更和谐的现代化公路水路交通运输系统，实现人便于行、货畅其流，让人们享受高品质的运输服务，让经济社会发展更加充满活力，让交通与自然、交通与社会更加和谐"；交通精神是："艰苦奋斗、勇于创新、不畏风险、默默奉献"；职业道德是："爱岗敬业、诚实守信、服务群众、奉献社会"。行业使命是交通发展的任务，描述了交通事业干什么；共同愿景是交通发展的长远追求，是交通事业干成什么；交通精神是交通发展的精神动力，职业道德是交通发展的制度保障，是交通人恪守的职业准则，是交通人怎么干。这四个方面是相互联系相互促进的辩证统一体。各企业要结合实际，将行业核心价值体系宣贯工作列入本单位文化建设的重要议事日程，抓紧抓好。一是要组织员工学习，做好核心价值体系内容的解读、释义、宣讲工作；二是要开展宣传，推动核心价值体系上报纸、上网络、上宣传栏、上教材；三是要在实践活动中强化行业核心价值体系要求，按照知行统一的原则，充分利用重大节日、纪念日，精心组织各类文化建设主题实践活动，将核心价值体系贯穿到交通运输企业发展的全过程和各方面、各环节，实现交通运输文化落地。各企业在做好宣贯工作的同时，要注意结合本单位文化建设实际，既要融汇行业核心价值体系，又要体现本单位价值理念。

二、打造十大交通运输文化品牌

文化品牌是文化软实力的重要标志。打造文化品牌，是深化文化建设的有效载体，对于传播交通运输文化，提高服务水平，提升行业核心竞争力，树立行业形象有着重要意义。再

好的文化特色,再好的服务质量,如果不形成品牌,不宣传推介,也不被人民群众了解和认可,也创造不了价值。一要放开思维,树立精品意识,从思想上重视文化品牌建设,实施品牌文化战略。二要发掘交通运输文化内涵,结合行业和区域特色,打造文化品牌。争取文化品牌建设覆盖到工程、产品、服务等各类交通运输企业,争取在全行业的十大交通文化品牌中,交通运输企业文化品牌能有一席之地甚至更多。通过文化品牌建设集中宣传展示交通运输企业特色文化建设的成果,丰富员工精神文化生活。

三、创建一百家文化建设示范单位

行业文化建设需要广大交通运输职工的积极参与,需要各个团体的努力实践,也包括各企业单位。要继续开展评选文化建设示范单位活动,鼓励企业踊跃参与申报,以争促创,推动企业文化建设。在创建活动中,一要注意处理好行业核心价值体系与本单位价值理念的关系,这二者是包容与互补、统分结合的关系;二要注意继承传统,大胆创新。继承是创新的基础,创新是辩证地扬弃。要在学习先行单位经验的基础上,用发展的观点和创新的思维对原有精神和理念进行整合和提炼,防止照抄照搬。三要注意抓推进,规划方案制订后,理念精神提炼后,制度规范制定后,要开展各类内容多样、形式新颖、吸引力强、力所能及的主题实践活动,将践行价值理念和遵守管理制度转化为职工的自觉行为,切实做到以文化建设推进中心工作,防止出现"两张皮"现象。

四、培养一千名交通运输时代楷模

兴起行业文化建设新高潮,典型引路必不可少。近年来,交通运输企业涌现出了包起帆、许振超、孔祥瑞等一批优秀人才,为交通运输企业乃至全行业的文化建设树立了榜样。十二五时期,要继续深入开展向优秀人才学习的活动,不断赋予他们以新的时代气息,保持先进典型的旺盛生命力,充分发挥好示范、引领作用。要把学习先进典型活动与巩固学习实践科学发展观活动成果结合起来,与做好职工本职工作结合起来,与弘扬行业核心价值体系结合起来。要坚持与时俱进,改革创新,深入基层、深入一线,积极培育和推出新的先进典型,力争在"十二五"时期,全国交通运输行业再推出一至两个在全国有重大影响的先进典型,培养一千名时代楷模,激励广大交通干部职工立足岗位,争创一流。要积极营造鼓励典型脱颖而出、尊重典型劳动创造、关心典型成长成才的环境氛围,形成崇尚先进、学习先进的良好风气。

附录二

交通文化建设实施纲要

为加强交通文化建设,提高交通职工身心素质,增强交通行业的凝聚力和影响力,树立交通行业良好社会形象,促进交通事业又快又好发展,根据《全国交通行业"十一五"时期精神文明建设工作指导意见》,制定本纲要。

一、交通文化建设的基本内容

1. 交通文化是交通行业在长期的交通发展实践中逐步形成并不断积累的,体现行业价值理念的各种精神文化、制度文化和物质文化,是交通事业发展的重要成果,是行业文明程度的重要标志。

2. 在整个交通文化体系中,精神文化是交通行业的核心价值理念,是交通行业的核心文化;制度文化是体现交通行业价值理念,规范交通行业行为的规章制度;物质文化是体现交通行业价值理念,展现交通行业外在形象的工作环境和形象标识。精神文化是物质文化和制度文化建设的精神基础,制度文化是物质文化和精神文化建设的制度保障,物质文化是制度文化和精神文化建设的物质条件。

3. 交通文化建设的基本内容是:培育、总结和提炼鲜明的交通行业核心价值观,增强行业的凝聚力;结合交通发展战略,提炼行业理念,形成以"服务人民、奉献社会"为核心的职业道德体系;完善相关行业制度,寓行业价值观和行业理念于制度之中,规范职工行为;统一规范行业外在形象,寓行业价值观和行业理念于外在形象之中,美化工作生活环境,建立行业标识体系,树立行业的良好社会形象;积极引导交通文化产品创作,广泛开展丰富多彩的文化体育活动,提高员工身心素质,促进职工的全面发展。

二、交通文化建设的重要意义

4. 交通文化建设是行业精神文明建设的重要组成部分,是行业精神文明建设的拓展和升华。进入新世纪,适应全面建设小康社会的新形势,加快交通现代化建设步伐,必须加强交通文化建设。

5. 加强交通文化建设,有利于形成和发展先进的交通文化体系,满足交通职工日益增长的精神文化需要,是深入贯彻"三个代表"重要思想的内在要求;有利于树立和强化以人为本理念,是全面落实科学发展观的重要举措;有利于形成良好的职业道德和行业风尚,是实践社会主义荣辱观的重要保证;有利于强化团队意识,提高交通行业的凝聚力和战斗力,是推进建设和谐行业的文化支撑;有利于弘扬行业精神,激发干部职工的积极性和创造性,是推动建设创新型行业的强大精神动力;有利于树立共同价值理念和目标,增强广大交通职工的使命感和责任感,是实现交通事业又快又好发展的重要基础。

三、交通文化建设的指导思想和总体目标

6. 交通文化建设的指导思想是：以邓小平理论和"三个代表"重要思想为指导，以科学发展观为统领，以实践社会主义荣辱观为主线，以精神文化为重点，稳步推进交通文化建设，努力提高交通行业软实力。

7. 交通文化建设的总体目标是：力争用五年左右的时间，初步建立起符合社会主义先进文化前进方向和交通发展战略，具有鲜明时代特征和行业特色的交通文化体系。通过交通文化建设，凝练交通行业核心价值观和行业理念，树立行业形象，营造团结和谐、充满活力的良好氛围，增强行业凝聚力和影响力，激发行业的创造力，树立交通社会良好形象，推进交通事业又快又好发展。

四、交通文化建设的基本原则

8. 加强交通文化建设，要坚持文化建设与交通发展相适应。要以促进交通事业又快又好发展为出发点和落脚点，注重运用文化的力量促进各项工作的开展。

9. 加强交通文化建设，要坚持整体筹划与重点推进相结合。要制定切实可行的交通文化建设整体方案，借助必要的载体和抓手，重点突破、大胆探索、勇于实践。注重把价值理念融入具体的规章制度中，渗透到相关各个环节，引导和规范职工行为。

10. 加强交通文化建设，要坚持加强领导与依靠群众相结合。领导高度重视和职工积极参与是交通文化建设取得进展的关键。要在统一领导下，有步骤地发动职工广泛参与，努力构建具有牢固群众基础的交通行业共同价值理念和行为规范。

11. 加强交通文化建设，要坚持继承传统与创新发展相统一。要继承和发扬交通行业优秀的文化传统，积极借鉴国内外相关文化建设的成功经验和先进文化成果，大胆进行交通文化创新，使交通文化建设既体现优良传统，又反映时代特点。

12. 加强交通文化建设，要坚持先进性与行业性相统一。要充分体现贯彻"三个代表"重要思想、全面落实科学发展观、树立社会主义荣辱观、建设和谐行业的要求，立足交通实际，体现行业特色，具有可操作性。

五、交通文化建设的主要任务

13. 大力加强交通精神文化建设。要以建设更安全、更便捷、更通畅、更经济、更可靠、更和谐的公路水路交通体系为目标，以弘扬爱国主义为核心的民族精神和以改革创新为核心的时代精神为重点，以"为人民服务到白头"的"小扁担"精神，"爱岗敬业、默默奉献"的"铺路石"精神，"以苦为荣"的"航标灯"精神，"四海为家、不畏风险"的航海精神，"把安全带给别人、把危险留给自己"的交通救捞精神以及"起帆精神"、"振超精神"、"刚毅精神"等先进典型为代表的精神为基础，开展交通精神提炼和讨论活动，对交通精神进行总结、提炼和宣传，增强交通行业的凝聚力和战斗力，使广大交通干部职工始终保持奋发有为、昂扬向上的精神状态。

14. 注重加强交通制度文化建设。要围绕建设创新型行业，大胆进行制度创新、体制创新和机制创新，开展现有制度清理工作，完善交通职业道德规范、岗位行为规范、文明服务标准等，组织编写职工行为手册，建立科学、规范的内部制度体系。制定、完善有关制度，既要

注重体现以人为本的价值理念和职业道德建设的要求,又要体现交通行业自身的特性和生产经营、管理工作要求。要逐步完善自律与他律相互补充和促进的运行机制,把思想引导与利益调节、精神奖励和物质奖励结合起来,加强督促检查,严格考核奖惩,有效地引导职工思想,规范职工行为,努力将各项制度转化为自觉遵循的行为准则,精心打造一批新的知名服务品牌,努力为社会提供安全、优质、便捷的交通设施和服务。

15. 稳步推进交通物质文化建设。要根据事业发展的需要和经济条件的可能,逐步推行行业形象统一战略,开展交通行业徽标征集和评选活动,改善工作环境和工作条件,统一规范交通行业工作场所、指示标志、公示栏、宣传牌、公务交通工具、主要办公用品的外观,统一行业标准字、标准色。通过物质文化建设,向社会展示交通行业的良好形象。

16. 着力培育交通特色文化。要结合实际情况,积极培育和发展行业文化、系统文化、专业文化和组织文化,努力形成具有浓郁交通行业特点、体现交通行业精神内涵和符合时代发展要求的机关文化、企业文化、公路文化、航运文化、海事文化、救捞文化、执法文化、廉政文化等。

17. 积极引导交通文化产品的创作。要组织实施"五个一工程",即形成一批交通文化研究成果,总结提炼一种交通精神,征集确定一个交通行业徽标,创作一批交通文艺作品,完善一批交通博物馆,全面增强交通文化的吸引力和感召力,提高交通行业的软实力。

18. 广泛开展交通文化体育活动。要加强交通文化基础设施建设,根据实际情况和职工需要,建设体育场、阅览室、活动室等文化场所。经常组织开展形式多样、职工喜闻乐见、健康有益的文化体育活动,丰富广大交通干部职工的精神文化生活,提高广大交通干部职工的身心素质,促进交通干部职工的全面发展。

六、交通文化建设的实施步骤

19. 交通文化建设的实施步骤是:首先,要根据交通文化建设的总体部署,制订工作计划和目标;其次,深入开展调查研究,根据各自实际,找准切入点和工作重点,确定交通文化建设项目;第三,提炼交通精神、核心价值观和行业理念,进一步完善交通行业规章制度,优化内部环境,导入视觉识别系统,进行交通文化建设项目的具体设计;第四,采取学习培训等多种宣传方式,持续不断地对职工进行教育熏陶,使广大职工认知、认同和接受行业价值观念、交通精神,并养成良好的自律意识和行为习惯;第五,在一定时间内对交通文化建设情况进行总结评估,及时完善,巩固提高。各地、各单位可结合各自实际,确定交通文化建设的具体步骤。

七、交通文化建设的保障措施

20. 切实加强交通文化建设的领导。要把加强交通文化建设作为交通又快又好发展的一项重要战略任务和一项基础性工程,列入议事日程,根据本纲要,制定本地、本单位交通文化建设的具体实施计划,明确目标、主要任务和具体措施,精心组织,加强监督,狠抓落实。领导干部要积极支持和参与交通文化建设,身体力行、率先垂范。

21. 开展交通文化建设的理论研究。交通文化建设尚处在探索和起步阶段。要加强对交通文化建设的理论研究,认真探索交通文化建设的基本特征、架构体系和操作方法,学习借鉴业内外、国内外交通文化建设的成功经验,紧密结合本地、本单位的特点和实际情况,构建具有自身特色的完整的交通文化体系。

22. 健全交通文化建设的长效运行机制。要建立科学的管理制度、完善的培训体系、严格的绩效评估办法和有效的激励机制,组织编写本地、本单位的文化手册,保证交通文化建设工作的顺畅运行。

23. 交通文化建设重在实践。交通文化建设的过程,是一个长期的渐进的过程。要以开展各种主题活动为载体,吸引职工参与,把交通文化建设融于科学有效的日常管理之中,使交通文化建设真正落在实处、收到实效。

24. 加强交通文化建设指导工作。精神文明建设机构在交通文化建设中担负着指导、协调、组织的具体职责。要深入实际,了解新情况,分析新问题,及时发现、总结、推广和交流交通文化建设的新经验。要在全行业选择不同类型的文化建设先进单位作为交通文化建设示范单位,推动交通文化建设工作。要经常开展交通文化建设工作的检查与指导,促进基层单位交通文化建设的规范有序进行。

交通企业文化建设实施纲要

一、指导思想

以邓小平理论和"三个代表"重要思想为指导,以落实科学发展观、构建和谐交通为统领,以社会主义核心价值体系为根本,弘扬中华优秀文化,继承行业优良传统,构建具有鲜明时代特征和交通企业特色的交通企业文化体系,着眼于内强素质、外塑形象,增强企业凝聚力,提升企业竞争力,激发员工活力,为交通企业发展提供坚实的思想基础、有力的制度保障和强大的精神支撑。

二、基本原则

(一)以人为本,和谐发展

交通企业文化建设必须始终贯穿以人为本一条主线,用美好的愿望鼓舞人,用宏伟的事业凝聚人,用科学的机制激励人,用优美的环境熏陶人。从广大职工的根本利益出发,全力为每位职工搭建发展平台、提供发展机会,增强职工的责任感、爱岗敬业精神和团队意识,激发职工的积极性、创造性,达到职工价值体现与单位发展的有机统一。

(二)继承发扬,借鉴创新

文化本身的性质、内涵或者张力,决定了它必须承载着民族、历史的东西,任何文化都不能截然割裂开文化的背景与文化的主体、客体和内容的关系,同时,随着加入WTO后,企业面临全球化的竞争,需要中国交通企业的员工素质、管理理念和文化体系不能只停留在纯粹中国式的与传统的理念上,必须与国际社会相互适应。

搞好创新文化建设必须对历史积淀的优秀文化进行充分总结提炼,发扬与传承,同时又要与时俱进,借鉴具有鲜明的时代特征、行业特征的优秀文化成果,创新文化的内涵。

（三）共性指导，培育个性

交通企业共同的外部行业背景和成长历史，形成了具有交通企业特色的共性文化，但内部环境和个性的产品特点，构成企业文化的个性特征。因此，要构建交通企业文化，必须坚持共性与个性相统一的原则，处理好共性和个性的关系，坚持以总结提炼的共性行业文化为指导，努力塑造和培育个性特色文化，注重表现形式的多样性、独创性。

（四）系统设计，全员参与

交通企业文化建设是一个系统工程，在理念系统设计上，需要总结提炼具有历史优秀文化传承和时代特征的文化价值体系，在配套措施上，企业文化的实施推进要与企业战略发展规划、与企业制度安排相匹配，保持三者之间的内在统一，在实施推广上，是一项长期任务，从计划制定、组织落实、人员安排、财物等方面的投入都给予充分保证，需要一个不断强化、反复灌输、考核评估与动态提升及完善的过程。因此，需要系统地进行设计，确保文化功能的最大效益的发挥；同时企业文化建设是企业全员共同的责任，而不是个别部门或少数人的事情，要发动广大员工积极参与企业文化建设。确保企业文化增强行业凝聚力，提升行业竞争力，激发员工活力的作用。

三、总体目标

交通企业文化建设的总体目标：

力争用5~10年的时间，在交通企业建立员工普遍认同并自觉实践的价值理念系统、行为规范系统、形象标识系统，建立遵循文化发展规律、具有时代特征、行业特点和企业特色的文化体系，并使其内化于心、固化于制、外化于形，为交通企业改革、建设、发展提供强大的精神动力和思想保障；通过企业文化建设，使企业管理水平进一步提高，员工素质进一步提升，企业形象进一步改善；增强企业凝聚力，激发员工潜力，使企业核心竞争力明显提高。

四、主要任务

（一）建立适合企业特点的价值体系

在交通部有关文化建设要求和共性文化价值体系指导下，根据本企业特点和历史积淀的优秀文化，提炼适合企业特点、个性化的企业文化价值体系。文化核心价值体系—员工的利益观、价值观、精神与理念，让员工用企业的价值观指导自己的行动，为交通企业改革、建设、发展提供强大的精神动力和思想保障。

（二）建立系统的企业文化实施工作体系

为切实发挥文化价值体系对企业经济发展、核心竞争力提升、员工行为引导的作用，在提炼了适合本企业特点的核心价值体系的基础上，建立系统的企业文化实施推广工作体系。

主要包括企业文化建设的组织领导、工作机构、明确任务及目标、责任主体、文化传播途径、完善考核奖惩条例等。使企业文化建设落到实处，促进生产经营和内部改革，推动企业向前发展。

(三)积极开展企业文化的传播推广

积极开展企业文化价值体系的对内对外推广活动,达到引导员工行为和改善企业形象、优化企业发展环境的作用,主要完善文化宣传平台建设,如强化对员工的文化培训、组织文化活动、树立企业文化典型故事和典型人物、完善文化的评估机制;建立公司外部网站、品牌广告发布。树立企业文化宣传典型,总结经验,逐步推广。

从内强素质和外树形象两个方面加强企业文化建设。企业文化管理部门要结合宣传工作,对企业文化理念进行广泛宣传,设置专栏,开展多层次、多形式的宣传活动,营造良好的文化氛围。并结合实际组织征文比赛等活动,提高员工对企业文化的认知度,培养员工的参与意识、创新精神和健康心态,促进员工个人发展与企业理念的统一。

(四)建立和完善企业文化的配套制度

在配套措施上,企业文化的实施推进要与企业战略发展规划、与企业制度安排相匹配,保持三者之间的内在统一,要以理念为导向,健全管理制度。建立考核、奖惩制度,把软指标变成硬任务,纳入到员工招聘、绩效考核、薪酬激励、职业发展等相关制度中,以制度来保证企业文化的推广,对以前制定的规章制度进行梳理,发现与企业文化理念不吻合的要进行修订、完善,把企业文化融入制度,让制度体现文化。

(五)建立企业文化实施效果评价机制

为了及时了解企业文化建设情况,不断总结经验,更好地指导下一步企业文化建设工作,需要健全企业文化实施效果评价机制,企业文化管理部门将通过检查、问卷调查等各种方式,对各单位企业文化宣传贯彻情况进行检查和全面总结,了解员工对企业文化理念的知晓度和认同度。并结合实际检查情况进行总结,对存在问题和不足,提出解决方案。

五、实施方案

交通企业文化建设主要分为以下步骤。

(一)做好企业文化建设准备工作

1. 企业主要领导支持与参与

企业文化建设是企业"一把手"工程,企业一把手为企业文化建设工作的第一责任人,因此,企业文化建设必须得到企业领导的支持;同时,企业领导在企业文化建设中起着创造者、培育者、倡导者、组织者、指导者、示范者、激励者的角色。在倡导和推行新观念和行为方式时,企业领导一定要切实参与企业文化实施活动,并靠自身的影响力,靠自己所具备的人格力量、知识专长、经营能力、优良作风、领导艺术以及对新的企业文化的身体力行,躬身垂范,去持久地影响和带动员工,使员工看到这种新观念和行为方式能给企业带来发展,给员工个人带来更大的利益。

2. 做好企业文化建设的宣传动员

召开企业文化建设的动员大会,认真学习交通部关于企业文化建设的相关文件精神、学习交通部交通企业文化建设的研究成果,宣传企业文化建设对企业发展的重要意义,提高全体职工对企业文化建设的认识。统一思想、提高认识、得到全员支持。

3. 成立企业文化项目小组

企业文化的建设与实施是一个复杂的系统工程,涉及企业的方方面面,得要各部门的共同努力才能做好,成立一个企业文化建设项目小组,成员由党政工、综合事务部、人事、财务、市场等部门组成。成立企业文化项目小组人数以5~10人为佳,小组组长应由企业主要领导担任,有条件的单位,可以考虑借助外部专家或机构参与到企业文化建设中来。

4. 拟定企业文化建设计划

企业文化项目小组成立后,需要制定出完整的企业文化建设计划,主要包括内容项目目标、主要工作及责任人、时间进度安排、费用预算。

(二) 开展企业文化现状诊断

企业文化现状诊断是企业文化建设的重要环节,是企业文化建设的重要前提和基本依据。目的是通过对企业文化现状的审视、分析和判断、评价,找出企业文化存在的问题、企业文化建设实施环境判断、单位的发展历史、已有的文化积淀、员工的素质和形象、企业的管理和制度,比较与交通部企业文化建设相关要求的差距,提出解决问题的方向、建议和预案。

从诊断组织形式上来看,可以分为企业自我诊断和第三方诊断两大类。自我诊断是企业自己组织文化诊断;所谓第三方诊断,就是指企业聘请专业的专家或机构帮助企业进行诊断。自我诊断的优势是费用较少,缺点是可能面临专业知识不够和不能从中立的角度客观评价企业文化现状;第三方诊断的优势是专业程度高、相关工具和手段比较完善、经验比较丰富、能站在中立客观角度审视企业文化建设现状,缺点就是成本相对较高。

从诊断方法来看,主要有:

1. 观察法

观察法是指对企业工作现场进行实地观察,通过这些表面的信息,以获得对企业文化现状实质性的、有应用价值的认识。观察的内容包含企业环境、员工的衣着举止谈吐、纪律性和精神状态、领导者领导能力、气质、人际关系和谐程度、各类文体设施等。

2. 座谈法

座谈法是请一部分员工召开座谈会,员工对调查的内容畅谈自己的看法,以此来发现大家在企业文化建设方面的意识和倾向。座谈法实际上也是一种人际关系的了解和分析,了解人们对某些思想和行为的看法的相似性。

3. 访谈法

访谈法是对个人进行深入了解。它与座谈法相比,要谈得更加具体深入。由于访谈是一对一进行的,便于了解不同的人对同一问题的看法是否一致,便于了解被访谈者行为背后的内隐概念和价值取向。访谈时应该注意被访者的情绪变化,及时调整谈话内容。

4. 问卷法

问卷法是了解企业文化基本状况及其员工对调查内容认同情况的基本方法。运用问卷法要精心设计问卷,力求体现企业文化的核心。

5. 文献分析法

文献分析法是对企业已经形成的档案资料、制度进行查阅分析的方法,运用资料法的意义主要在于了解企业的历史、了解目前的企业文化积淀、探悉企业文化形成的原因,寻找到重塑企业文化的动力,所以,查阅文献资料一定要把握住重点。

(三)分析比较企业文化差异

1. 建立适合企业特点的文化模型

根据交通部有关交通企业文化建设要和交通企业公共价值理念体系,结合企业个性特点,基于企业自身发展历程的企业价值观差异和企业管理行为模式差异,建立适合企业特点的企业文化模型。

2. 企业文化差距分析

通过对企业文化的诊断、企业文化建设要求、企业公共价值理念体系和企业个性特点的文化模型,可以明确分析现有的企业文化的差距。其分析方法如下:

(1)调研当前企业文化现状,并找到目前企业的主导文化类型与企业不同业务单元文化的一致性和差异性;

(2)比较目前企业的主导文化类型与交通部门企业文化建设要求和交通企业公共价值理念体系的差异,发现目前企业文化的不足之处;

(3)总结企业内部优秀文化积淀,找到需要保留的企业个性文化特征;

(4)探索文化改进或者变革的突破口、突破阻力应配备的管理资源、改革风险以及应对措施。

(四)建立适合企业特点的价值体系

在交通部交通企业文化建设相关要求和交通企业文化共性理念体系下,建立适合企业特点、富有个性的企业文化体系。

1. 总结提炼企业精神文化

企业精神文化内容主要包含企业精神、企业使命、企业战略、共同愿景、核心价值观、经营理念和价值观等。在企业文化精神提炼中必须注意:

(1)市场发展的前景及国际化趋势,体现企业发展历史及对未来的追求;

(2)体现企业在发展中所形成的共同意识及区别于其他企业的个性。

2. 设计企业行为和制度文化

企业行为和制度文化是企业文化的重要组成部分,是塑造企业精神文化的根本保证。通过加强行为文化和制度文化建设来进一步激励、教化、引导员工,这是一个明显的趋势,通过制度建设规范企业成员的行为,并使企业精神转化为企业成员的自觉行动。行为文化和制度文化是精神文化的基础和载体,并对企业精神文化起反作用。

企业行为和制度文化内容包含:业务管理制度、行政管理制度和内控管理制度,主要内容包括组织管理、行政管理、法律事务、人力资源、财务审计、运行维护、市场营销、服务监督、信息化、员工行为规范等。

企业行为和制度文化主要工作:

(1)建立健全企业各项管理制度,构筑完善的制度体系。包括保证企业各项工作正常有序开展的工作制度,保证整个企业能够分工协作、井然有序、高效运转的责任制度,企业非程序化的特殊制度;

(2)营造企业良好的环境氛围。将企业长期延续、约定俗成的典礼、仪式、节日活动、习惯行为等加以改造和培育,加以规范和升华,增加企业的凝聚力,增加员工对企业认同感,培育员工积极向上的追求和健康高雅的情趣。使企业风俗和企业的各项责任制度、工作制度和谐一致,互为补充、互相强化,为塑造良好的企业形象发挥作用;

(3)塑造文明员工形象。通过在企业中倡导和推行员工行为规范,包括仪表仪容、岗位纪律、工作程序、待人接物、环卫安全、素质修养等方面的要求和规定,在员工群体中形成共识和自觉意识,从而促使员工的言行举止和工作习惯向企业期望的方向和标准转化,以增强企业内部的凝聚力,提高企业的工作效率。

企业领导成员行为规范应突出开拓进取、率先垂范等内容;管理人员行为规范应突出奉公守法、执着敬业等内容;普通员工的行为规范应突出忠诚守信、敬业爱岗等内容。

3. 完善企业物质文化

企业物质文化主要内容包含:设计和完善企业标识系统;研究提出在搭建平台,引导企业文化产品的创作,进行形象展示和宣传活动方面应开展的工作。

企业物质文化主要工作:

(1)设计和确定企业的名称、标志、标准字及标准色,集中表现企业的物质文化;

(2)规划和营造企业外貌,包括自然环境的绿化美化、办公室和厂区的优化布置等,营造人们对企业的第一良好印象;

(3)设计和确定企业徽章、旗帜、服装和歌曲等。可聘请专业人员精心设计,企业领导和员工积极参与,以此为载体,形象地反映企业文化的深刻内涵;

(4)加强文化设施和阵地建设。包括建立完善企业自办的报纸、刊物、有线广播、闭路电视、计算机网络、宣传栏、广告牌、橱窗等。

4. 总结优秀文化典型案例

先进的典型人物和典型事迹是企业精神、优秀理念生动、形象的体现和象征,具有很强的示范、辐射、传承作用,没有个性鲜明的典型就没有独特的企业文化。因此,在企业文化的建设和培育过程中,要注重总结实际案例。通过正反两个方面的人和事件的案例,总结和提炼企业文化的生动内容,使本单位的企业文化包括文字表述、图案展示、实际案例、人物事迹等,形成完整的体系。

(五)开展企业文化的传播推广

1. 企业文化内部传播

企业文化是一种群体文化,企业精神也是一种群体精神。只有转化为企业职工信奉的和遵循的心理习惯与行为模式时才能发挥作用。因此就必须从本企业范围内广泛传播和阐释,使企业具有上下统一的价值观和行为准则,并最终将企业精神内化为各员工自己的价值观念,通过自身行为表现出来,从而增强企业凝聚力、竞争力。

企业文化内部传播的形式多样,公司可根据自己的具体条件采用,但要遵循一个原则就是形式创新,注重实效。在企业文化建设的内部传播方面可首先采取一些最基础、最直观、最有效、普及面广、成本低、易于操作的形式。

主要传播推广形式有:

1) 企业文化培训

加强管理层企业文化培训。因为管理者在企业文化建设中的领导、示范作用,因此,把企业文化建设同企业的经营管理活动相结合,对文化管理人员进行观念和技能的培训。

加强入职人员的文化培训,如对"新进人员训练"、"新任主管人员训练"等培训项目中,安排了"企业文化"课程,由单位高层领导或企业文化部门向受训人员传播公司的企业理念和企业文化。

2) 组织文化活动

企业文化活动可以为企业文化服务,成为企业文化的重要载体。通过这种载体,既能活跃员工的生活,减轻工作紧张感和疲劳感,增加人们的生活情趣,也能够使员工置身各种文化活动之中,潜移默化地受到企业文化价值观的熏陶与感染。

企业的文化活动可以分为多种类型:

(1) 专题竞赛类,比如辩论赛、演讲赛、知识竞赛、擂台赛、征文大赛、故事会、设计大赛;

(2) 沟通类,比如高管开放日、网上聊天、对话会;

(3) 知识类,比如读书活动、文化沙龙、论坛;

(4) 娱乐类,比如联欢会、卡拉OK、影视欣赏、音乐会;

(5) 艺术类,比如书法展、摄影展、绘画展;

(6) 体育竞技类,比如球赛、登山等。

3) 反复诵读和领会企业文化

企业可以把单位的使命、精神和文化,让职工反复诵读和领会,是铭记在心的有效方法,如每天上班前,员工同时朗读企业精神,一起唱公司歌等。

4) 建立常态的沟通渠道

一是建立员工提案制度,员工可以通过提案提出对公司各方面的改善建议,全面参与公司管理,可以对真实的问题进行评论、建议或投诉,公司相关部门限定期限对有关问题的处理结果予以反馈,使员工所提出的问题会得到答复。

二是建立情况通报制度,定期召开高级管理人员与员工沟通对话会,向广大员工代表介绍公司经营状况、重大政策等,并由总裁、人力资源总监等回答员工代表的各种问题。

三是举办企业内刊、布告栏、公告、函件、意见箱,可以使员工及时了解公司的大事动态和丰富员工的工作生活。

5) 企业文化仪式

文化仪式是指企业内的各种表彰、奖励活动、聚会以及文娱活动等,仪式是一种重复出现的活动,活动目的在于彰显组织重要的价值观、最重要的目标、最重要的人等,使人们通过这些生动活泼的活动来领会企业文化的内涵。文化仪式主要有:公司创业纪念日、节日慰问制度、年终表彰大会、例会讲评制度等。

6) 企业文化故事与人物宣传

企业都有一些广为流传的典型事件和典型人物的故事,通过总结提炼一些与企业发展、产品生产开发、业务管理等体现单位文化特点的典型事件和优秀人物的故事,并积极利用各种宣传手段广泛宣传,达到对员工启发、引导和教化的作用。

2. 企业文化对外推广

1) 企业文化外部传播意义

企业是社会的一部分,企业文化的建设除了注重对内传播,还要关注对外传播。企业文化的对外传播,是把企业的价值理念、企业的员工形象、企业的产品和服务向社会公众广为传播。

通过企业文化的外部传播可以使客户、供应商、政府和有关机构、团体、个人更好地了解企业,从而促使企业与其他组织间关系及行为的协调,为企业的发展创造良好的社会环境;可以把企业的产品信息与文化信息紧密结合在一起,赋予产品或服务以文化的内涵,通过外部传播,给社会公众留下美好印象,得到社会公众的尊重,在公众感受独特企业文化的同时,对企业的产品和服务产生信任感,从而树立企业的品牌;可以通过文化的感召力影响社会,优秀的健康的企业文化必然具有社会感召力,赢得社会公众的认同和尊重,从而扩大企业的社会美誉度。

2)企业文化对外传播的渠道

(1)大众媒体传播。

按照传播媒介方式的不同,把大众媒体大致分为四大类:

①纸媒介的传统报纸杂志;

②电波为媒介的广播;

③基于电视图像传播的电视;

④基于互联网传播的网络媒体。

(2)公共关系传播。

按照企业与公众的沟通关系大致可以分为四种类型:

①宣传型公共关系。

宣传型公共关系是指运用大众传媒和内部沟通方法开展宣传工作,比如开展对社会媒体的新闻报道,组织对外的演讲讨论等。

②交际型公共关系。

交际型公共关系是指通过人与人的接触进行直接交流,为企业广结良缘,建立广泛的社会关系网络,形成有利于企业发展的人际环境,如举办客户座谈会等。

③服务型公共关系。

服务型公共关系是指以提供优质服务为主要手段,以实际行动获取公共的了解和社会的好评;塑造企业的美好形象。

④社会型公共关系。

社会型公共关系是指利用各种社会性公益活动塑造企业形象。特别是发生重大突出性事件承担社会责任,实施赞助活动,以此扩大企业影响,直得社会声誉。

(3)建立和完善公司外部网站。

网络作为新的信息传播的载体,能够比报纸、广播、电视等传统新闻媒介更为快捷、广泛、低成本传播信息,而且还具有多媒体、实时性、交互性、可检索等传播信息的独特优势。企业要重视建立公司的外部网站,作为企业文化外部传播的便利工具。

(4)建立品牌广告发布。

现代广告有两种,有直接宣传企业产品的商品广告,有宣传企业形象的公共关系广告。创立企业统一的品牌,并对品牌进行广告发布,在宣传产品时,注意宣传公司文化,从而让社会公众认识产品,认识公司,认识公司的文化。发布企业品牌广告,除了对社会公众的宣传作用之外,还有一点重要的作用就是,可以增强公司下属单位和员工对公司的自豪感与归属感。

(六)角色定位

1. 高层领导

高层领导是企业文化理念的倡导者,文化实施的发起者、推动者和第一执行者。高层领导班子对企业价值理念的高度认同、强力推动和身体力行是企业文化充分发挥作用的根本动力。

2. 中层领导

中层领导是企业文化的主要推动者,承担起企业文化的日常宣传、培训、监督和管理的责任,中层领导也是企业文化的执行者。

3. 基层员工

基层员工是企业文化的具体实践者,应主动学习和领会企业文化的内涵,认同企业文化,融入企业文化,通过自己的行为体现企业文化。

(七)保障措施

1. 组织保障

企业文化的建设与实施是一个复杂的系统工程,涉及企业的方方面面,需要各部门的共同努力才能做好,可以考虑设置两级职能:

(1)成立文化建设实施领导小组,成员由公司主要领导、党政工、综合事务部、人事、财务、市场等部门组成。主要职责是对企业文化建设和实施推广的重大问题(如文化理念的调整、年度文化主题的确定、年度文化预算的计划、重大文化活动的设计等)讨论决定。决策的执行及日常事务由副组长及人力资源部负责。

(2)设置企业文化建设执行机构,只有常设的企业文化管理及推广的执行机构(如企业化部),企业文化建设有专业的团队负责,企业文化工作才能常态化,其主要职责是对公司企业文化战略思考与企业文化现状分析、制定企业文化实施程序与相关的配套制度、协调各部门的企业文化的实施活动、对企业文化实施效果评估。采取多种形式做好企业文化的宣传,强化企业文化对员工行为的影响,对外通过广告宣传、业务演示会、新闻发布会、用户座谈会等形式,充分展示企业形象。

2. 经费保障

实施企业文化工作,经费保障是前提。各项企业文化实施活动的开展需要一定的经费,对于在企业文化建设过程中表现突出的团队和个人也应当予以适当的奖励,这也需要一定的经费。可以设立专项的企业文化建设基金,并出台相应的基金使用的规章制度,以满足正常的企业文化实施工作的需要。

3. 制度保障

企业文化的实施是一个常抓不懈的工作,因此也需要建立企业文化建设的长效管理机制作保证。

(1)从实际出发,建立必要的组织制度。要明确在企业文化实施过程中各部门的工作职责,建立分工负责、关系协调的企业文化建设责任体系,保证企业文化建设工作的顺畅运行。在人才的使用和经费上也应给予保障。

(2)建立考核评价和激励机制,定期对企业文化建设成效进行考评和奖惩。企业文化工作要纳入公司的考核体系,作为考核的内容之一,定期检查,严格考核,并将考核的结果与各部门的绩效挂钩。对于在企业文化建设中表现突出的部门和员工也应该制定相应的激励制度。

（八）文化评估与提升

1. 企业文化评估

1）评估的目的

(1) 掌握企业员工对文化理念的认知与认同程度;

(2) 掌握员工行为是否符合企业文化要求;

(3) 检验主要管理政策、制度是否与企业文化理念具有一致性;

(4) 在此基础上,为今后文化的动态提升提出变革思路。

2）评估的内容

企业文化评估的内容主要包含对企业文化的保障措施、价值理念合理性、传播体系完善程度、文化实践程度、文化影响程度和对企业文化实施效果的评估体系完善程度等六个方面的评价,包含 21 个测评指标,如下表所示。

企业文化评估指标

测评纬度	测评指标	评价标尺（一般设有 1~7 级供选择,其中"1"表示最低,"7"表示最高）
保障措施	文化建设及实施推广的组织机构	
	文化建设及实施推广的经费及其他条件	
	确保文化建设及实施推广的制度	
价值理念	价值理念体系的完善程度	
	价值理念体系的科学性和规范性	
	员工对价值理念体系的认同程度	
	价值理念与企业特点及战略的匹配程度	
传播体系	内部文化传播体系的完善程度	
	内部文化传播的有效性	
	外部文化传播体系的完善程度	
	外部文化传播的有效性	

3）评估的方法

企业文化评估主要包含问卷调查、访谈、文献分析（历史资料回顾以及公司文件研究、产业发展研究与行业研究等）、现场调查等,通过对关键文化特性的分解,了解文化特性与企业经营管理的核心要素、企业管理行为及员工的行为。

联系起来,从多个角度诠释企业文化的特征与影响,为全方位考察企业文化与企业经营管理之间的关系,提供了有效的测量、评估的方法和工具。

4）评估的结果及其应用

企业文化评估完成后,形成企业文化评估报告,报告内容应包括企业背景及环境分析（战略、管理、制度）,企业文化体系实施取得的成绩、存在的主要问题及成因分析,今后文化提升的主要目标和思路。

企业文化评估报告完成后,要在文化管理小组领导下体现到文化提升方案中,并最终落实到日常工作改进中。

2. 企业文化的提升

在对企业文化评估的基础上,组织促进企业文化持续改进和提升的活动,具体做法如下:

(1)对那些符合企业发展要求、行之有效的文化理念、员工行为和制度体系,要在坚持的基础上弘扬其精神、强化其执行;对那些不再适合企业发展战略和管理实践的文化理念、员工行为和制度体系,要及时坚决予以改进。

(2)对已经提炼总结确实符合企业发展需要但未得到有效贯彻的理念,应改进方法、强化监督和考核,积极把文化体系落实到位。导致企业文化理念没有执行,有两个基本情况,一是认识还不到位,缺乏指导行为的操作性内含,这就需要进一步提升;另一种是虽然理念很好,具有操作意义,但并没有重视去执行,或者在执行过程中缺乏力度、监督和考核,没有见到好的结果。因此,要针对可操作性对理念进行进一步的完善,针对理念执行效果强化执行力度。

(3)企业在发展过程中会积累很多独特的感悟、理念和方法,应当对这些宝贵的经营管理思想进行挖掘和整理。将没有明确意识到的思想,通过交流和研讨加以挖掘,将散见于个人、各部门的各种创见进行专门的系统收集、整理、归纳,然后提炼到文化理念的高度融入现有文化体系中。

(4)对企业文化中还尚未完善的文化理念体系,要根据企业经营管理的发展要求,进行大胆创新和摸索,形成自己的独特思想;也要积极与外界交流,引入外界成功的、可以借鉴的思想为我所用。

3. 文化理念的调整

企业文化理念包括核心理念和基本理念两部分,每一部分的调整周期是不同的。

(1)企业的愿望、使命、企业精神和核心价值观,是企业文化的核心理念,从设计原则上要求,应该能够在相当长时期内指导企业的发展战略和管理过程,即使经营业务类型、企业重要领导人、市场环境等发生重大变化也不需要更改。只有对这些核心理念的坚持,才能抵御各种随机冲动,才能让企业战胜各种挫折,保持稳健发展步伐。但其内涵解释可以做适当的补充或完善。

(2)对企业的基本理念部分,即经营理念、管理理念要动态适应企业的战略要求和环境变化。一方面,这些基本理念的内涵要调整;另一方面,这些理念的组成也可以调整,可以更换或者补充、取消某个理念。基本理念的调整主要依据是每年的文化评估、战略变化、新的管理方法的要求、经营环境的重大变化、重要领导人更换引起的领导风格的变化等。

附录三

大力提升交通运输服务水平
加快建设人民群众满意交通

《学习时报》记者李玉梅专访交通运输部党组书记、部长杨传堂

记者：杨部长您好。党的十八大以来，交通运输部围绕服务全面建成小康社会，出台实施了一系列推进交通运输科学发展的政策措施，特别是围绕提升交通运输服务水平、提高人民群众满意度这一核心任务，研究制定了今后5年提升交通运输服务水平的政策措施。请您谈谈制定和实施这些政策措施的指导思想。

杨传堂：当前和今后一个时期，全面提升交通运输服务水平，要深入贯彻落实党的十八大和十八届二中、三中全会精神，以邓小平理论、"三个代表"重要思想和科学发展观为指导，以加快转变交通运输发展方式为主线，以提高人民群众满意度为核心，以解决与人民群众关系最密切、要求最迫切的服务问题为着力点，抓住提升服务水平的关键环节，积极推进理念创新和手段创新，不断健全体制机制、强化标准规范、增强科技支撑、加强道德建设、提高队伍素质，努力构建安全可靠、便捷畅通、经济高效和绿色低碳的交通运输服务体系，使人民群众切实享受到交通运输改革发展成果，为全面建成小康社会提供强有力的交通运输保障。

记者：全面提升交通运输服务水平，是一项复杂的系统工程。顺利实施好这项民心工程，确保实施过程中不走样、不打折扣，需要坚持哪些重要原则？

杨传堂：要坚持以人为本、民生为先，以便民、利民、惠民作为根本出发点，为人民群众提供品质更优、效率更高的交通运输服务。坚持突出重点、注重实效，抓住影响服务水平的关键环节，让人民群众得到看得见、摸得着的实惠。坚持统筹兼顾、增进公平，坚持广覆盖、保基本、多层次、可持续，着力推进交通运输基本公共服务均等化。坚持创新驱动、转型发展，依靠理念创新、科技创新、政策创新和体制机制创新，进一步加快创新型交通运输行业建设。

记者：按照"五年计划"，经过5年的不懈努力，交通运输服务水平将实现一个怎样的目标？

杨传堂：我们将紧紧围绕经济社会发展和人民群众对交通运输服务的新需求新期待，按照交通运输安全发展、高效发展、协调发展、创新发展的要求，用5年左右的时间，通过实施一系列为民服务措施，使交通运输的服务范围进一步扩大，服务能力进一步增强，服务水平进一步提升，服务内容更加丰富，服务形式更加多样，服务流程更加规范，人民群众满意度和认同度进一步提高，更好地服务经济社会发展和人民群众安全便捷出行。

记者：统筹城乡发展，推动基本公共服务均等化水平，是全面建成小康社会的重大战略任务。在提升交通运输基本公共服务均等化水平方面，交通运输部有哪些具体措施？

杨传堂：主要有三条。一是推进"公交都市"建设。贯彻落实公交优先发展战略，着力解决公交发展滞后、服务不优、换乘不便等问题，使人民群众出行更便捷、换乘更方便，愿意乘公交、更多乘公交。二是实施农村客运通村和渡船改造工程。着力解决农村客运发展水平

低、安全水平不高等问题,构建覆盖全面、运行稳定、安全规范、经济便捷的农村客运系统,实现农村客运"开得通、留得住、有效益"。三是推动城市配送和农村物流发展。着力解决城市配送车辆"通行难、停靠难、装卸难"和农村物流发展滞后、效率效益不高等问题,构建城市配送和农村物流网络,基本满足城市配送和农村物流服务需求。

记者:交通运输业是服务业,服务标准建设是服务能力建设的重要任务。请问交通运输部是如何提升交通运输服务规范化水平的?

杨传堂:我们采取了八项措施。一是建立服务标准体系。着力解决服务质量标准缺乏、服务质量监督不到位等问题,建立健全覆盖面广、门类齐全的交通运输服务标准体系。二是提升企业服务能力。着力解决企业服务能力不强、服务不规范等问题,提升交通运输行业整体服务能力和发展水平。三是建设职业化从业队伍。着力解决从业人员素质不高、服务不优等问题,努力造就一支规模宏大、素质优良、结构合理的职业化从业队伍。四是建立货运价格与成本监测机制。着力解决货运市场供需相对失衡等问题,带动货运经营者从低价恶性竞争向追求高品质服务转变。五是完善公路交通标志设置。着力解决标志设置不科学、指示不清晰等问题,实现指路标志指向更清晰、设置更合理。六是规范高速公路服务区管理。着力解决服务区卫生条件差、停车不规范、设施不完善、商品价格偏高等问题,逐步完善人性化服务设施。七是加强公路养护作业管理。着力解决养护施工导致局部拥堵、通行服务水平降低等问题,营造安全畅通的公路出行环境。八是规范引航服务。着力解决引航效率偏低、引航成本偏高等问题,健全引航监督机制。

记者:每年春运时节,出行都成为大众的话题。在解决了"走得了"的基础上,人民群众对"走得好"的要求,特别是对交通便捷化的要求也越来越高。在提升交通运输服务便捷化水平方面交通运输部有哪些考虑?

杨传堂:我们考虑重点推进六项工作。一是推进交通枢纽换乘衔接服务。着力解决换乘不便、衔接不畅等问题,提高综合交通枢纽一体化服务水平和集散效率。二是推进多式联运发展。着力解决运输方式衔接不畅、运行效率低下等问题,大力发展铁水、公铁、公水、空陆等多式联运。三是推进运输网络化服务。着力解决服务网络不健全、服务效率不高等问题,推动运输集约化、规模化、网络化发展。四是推进出租汽车服务多样化。着力解决服务能力不足、服务水平不高等问题,建立多层次、差异化的出租汽车运输服务体系。五是推进重点领域水路客运服务。着力解决水路客运服务水平不高、服务方式单一等问题,实现渤海湾、琼州海峡和台湾海峡等重点区域水路客运班轮化运营。六是推进解决航道拥堵和船闸堵航问题。加快内河航道工程建设,着力解决航道和船闸通过能力不足、船舶拥堵等问题,制定航道拥堵和船闸堵航治理方案。

记者:交通运输的安全性是人民群众十分关心的问题。在新的形势下怎样进一步提升交通运输服务安全化水平?

杨传堂:在加强市场监管,提升交通运输服务安全化水平方面,我们重点抓三条。一是完善安全监管防控体系。严格落实企业安全生产主体责任和行业管理部门监管责任,着力解决安全管理理念不适应、法规制度不健全、责任落实不到位等问题。二是加强安全保障和应急处置能力建设。着力解决安全生产装备配置不足、应急处置能力不强等问题,全面提升自然灾害、突发事件应急处置和抢险打捞能力。三是建立产品质量监管体系。着力解决重点交通运输产品质量不过关、汽车维修假冒伪劣配件多等问题,实现汽车维修配件"来源可查、过程留痕、去向可知、使用放心"。

记者：随着信息业的发展，信息技术在提升交通运输服务水平上发挥着极为重要的不可替代的作用。如何进一步提升交通运输服务信息化水平、更好地满足人民群众对高效便捷的新需求？

杨传堂：在推进创新发展，提升交通运输服务信息化水平方面，我们采取了四项措施。一是推进 ETC 全国联网。着力解决高速公路收费站拥堵等问题，加快推进 ETC 基础设施和服务网络建设，提高 ETC 收费车道、服务网点的覆盖率。二是推进全国客运联网售票。着力解决乘客购票不便等问题，整合各地客运售票资源，为旅客提供网上售票、电话订票、网点售票、自动售票机售票等服务，让旅客购票方式更多样、购票更便利。三是推进公交一卡通互联互通。建设公交一卡通跨地区互联互通平台，着力解决技术标准不统一、服务标准不规范等问题，实现多种公共交通方式间、不同城市间公众出行一卡通用。四是加强公众出行信息服务。着力解决出行信息不畅等问题，建立健全出行信息服务标准体系，初步建成综合交通出行信息服务平台。

记者：交通运输管理部门在加强行业管理、提升交通运输服务水平上发挥着重要职能作用。现在都在加快职能转变，交通运输部是怎样发挥服务利民这一职能的？

杨传堂：我们的做法是：一是推进管理职能转变。以行政审批制度改革为突破口，着力解决行政管理效率不高等问题，建成人民满意的政府服务部门。二是创新管理服务方式。推进管理创新，加大政府信息公开力度，着力解决服务意识不够、服务能力不强等问题。三是建立公共服务购买机制。规范向社会力量购买交通公共服务，着力解决购买服务质量不高、规模不足等问题，提高交通公共服务水平和效率。四是开通全国服务监督电话。统一交通运输服务监督电话号码，着力解决人民群众投诉渠道不畅通、投诉举报不方便等问题，实现交通运输服务监督、业务投诉、信息咨询、意见受理等服务"一号通"。

记者：我们了解到，在这次党的群众路线教育实践活动中，交通运输部党组把"除四风、强服务，建设群众满意交通"作为教育实践活动的载体。请问如何才能确保政策措施落到实处、收到实效？

杨传堂：我们将以深入开展党的群众路线教育实践活动为契机，进一步强化"人民交通为人民"的宗旨意识，从以下四个方面入手，着力解决群众反映强烈的交通运输服务领域突出问题，大力提升交通运输服务水平，加快建设人民群众满意交通。一是加强组织领导。制定工作方案和实施步骤，明确责任分工，进一步完善协同机制，加强沟通协调，形成"分工负责、各司其职、协同推进"的工作格局。二是加大资金投入。积极争取中央和地方财政支持，保障改进提升交通运输服务重点任务的实施。三是强化监督考核。加强实施效果的动态跟踪和阶段性评估，大力推行服务质量达标、质量信誉考核等工作，推动交通运输行业向崇尚文明服务、优质服务方向发展。四是加强宣传引导。组织交通运输企业积极开展形式多样、生动活泼的群众性优质服务、文明创建活动和职业技能竞赛，树立先进典型，形成学习先进、崇尚先进、争当先进的良好风气，全面提升交通运输服务水平。

附录四

文化部部长：坚守文化责任　彰显文化力量

深入学习贯彻习近平同志在全国宣传思想工作会议上的重要讲话精神

最近召开的全国宣传思想工作会议，是党的十八大之后宣传思想领域的一次全局性会议，是新一届党中央站在新的历史起点上对宣传思想工作做出全面部署的重要会议。习近平同志在会上发表的重要讲话，站在党和国家事业发展全局的战略高度，深刻阐明了事关宣传思想工作长远发展的一系列重大理论问题和现实问题，提出了一系列新思想、新观点、新要求，明确了当前和今后一个时期宣传思想工作的方向目标、重点任务和基本遵循，既是对改革开放以来特别是党的十六大以来宣传思想工作和文化体制改革的经验总结、理论升华，更是在深刻把握当前世界大势和我国改革发展大局基础上对宣传思想工作的战略谋划和重大部署，体现了新一届中央领导集体的执政理念和执政方略，是做好新形势下宣传思想工作的行动指南。文化系统深入学习贯彻习近平同志重要讲话精神，就是要把思想统一到习近平同志重要讲话精神上来，把力量凝聚到党中央的战略部署上来，团结奋进，开拓创新，努力推动文化建设各项工作再上新台阶，为建设社会主义文化强国、实现中华民族伟大复兴的中国梦作出新的贡献。

把握好意识形态属性和产业属性、社会效益和经济效益的关系，始终坚持社会主义先进文化前进方向，始终把社会效益放在首位。

意识形态工作事关党的前途命运，事关国家长治久安，事关民族凝聚力和向心力，是党的一项极端重要的工作。当前，世界范围内各种思想文化交流交融交锋更加频繁，思想文化领域斗争更加复杂。宣传思想工作的根本任务，就是巩固马克思主义在意识形态领域的指导地位，巩固全党全国人民团结奋斗的共同思想基础。

从物质文明建设和精神文明建设"两手抓、两手都要硬"的大视野看，从包含在精神文明中的大文化概念看，精神文明建设、意识形态工作、宣传思想工作、文化建设是有机统一的，其性质、任务、方向目标、总体要求都是相同的。围绕中心、服务大局，也是文化工作的基本职责。这一基本职责要求我们紧密围绕党和国家中心工作推进文化建设，努力做到不缺位、不越位，充分发挥应有作用。做好文化工作，必须着眼于"两个巩固"的根本任务，始终坚持马克思主义的指导地位，始终坚持社会主义先进文化前进方向，牢牢把握正确导向。一要深入学习马克思主义基本理论，善于运用马克思主义的立场、观点、方法观察和解决文化改革发展中的问题，统筹处理好社会效益和经济效益的关系，坚持始终把社会效益放在首位，努力实现社会效益和经济效益的有机统一，在社会效益与经济效益发生矛盾时，经济效益要坚决服从社会效益。二要始终把社会主义核心价值体系建设作为首要任务，将其贯穿于文化工作各方面，融入文化建设全过程，体现在艺术创作生产引导上，体现在公共文化产品和服务内容建设上，体现在中华民族优秀传统文化传承体系建设上，体现在文化市场监管上，体现在推动文化产业发展上，体现在人才队伍建设上。三要进一步增强道路自信、理论自信、制度自信,提高政治敏锐性和鉴别力,对偏离中国特色社会主义的各种倾向要有鲜明的态度、坚定的立场、稳妥的方法。要有担当的勇气,切实负起政治责任,不存私心杂念,排除来自各方面的杂音、噪音、干扰等,努力做好文化工作,为实现中华民族伟大复兴的中国梦凝心聚力。

坚定深化改革的信心和决心,以更大的勇气和智慧攻坚克难,继续大胆推进文化体制改革。

当前,随着我国经济体制深刻变革、社会结构深刻变动、利益格局深刻调整、思想观念深刻变化,宣传思想文化工作所面临的外部环境、社会条件发生了很大变化,带来许多新挑战。同时,文化体制自身也还存在许多问题,制约着文化生产力的解放和发展。因此,我们必须以踏石留印、抓铁有痕的劲头,坚定不移地推进文化体制改革,进一步释放改革红利。

要深刻认识到,改革只有进行时,没有完成时。至于怎么改、改什么,需要在实践中进一步探索。但不管改什么、怎么改,导向不能改,阵地不能丢。要抓住全面深化改革的有利契机,着力深化重点领域和关键环节改革,不断创新理念机制,创新工作方法,努力解决制约发展的深层次矛盾和问题,推进文化事业全面繁荣和文化产业快速发展。切实落实9部门《关于支持转企改制国有文艺院团改革发展的指导意见》,加大对转企院团扶持政策的落实力度,推动已转企的院团加快公司制、股份制改造,完善法人治理结构,增强市场活力。对于改革到位、成长性好的大型转企院团进行重点培育。推动"留事"院团实行企业化管理,完善人事管理、收入分配、艺术生产管理等机制。推动文化馆、博物馆、图书馆建立理事会、董事会、管委会等多种形式的法人治理结构。研究整合中央和省两级文化市场执法权,推动副省级以下城市完善综合执法责任主体。继续清理现有行政许可项目、非行政许可审批项目,加快政府部门职能转变和宏观管理体制创新。

坚持以人为本,为人民群众提供更好更多的精神食粮,满足人民日益增长的精神文化需求。

让人民享有健康丰富的精神文化生活,是全面建成小康社会的重要内容,是提升群众幸福指数的有效途径,也是社会主义文化强国的重要体现。做好文化工作,必须坚持人民性,把实现好、维护好、发展好最广大人民的根本利益作为出发点和落脚点,不断满足人民日益增长的精神文化需求,促进人的全面发展。

坚持以人为本,就要牢固树立以人民为中心的创作导向,以满足广大人民的文化需求为目标,通过组织艺术节、开展评奖、展演展览、资金扶持等方式,引导艺术家生产出更多思想性、艺术性、观赏性相统一,群众喜闻乐见的文化产品,弘扬真善美,贬斥假恶丑,丰富人民精神世界,增强人民精神力量,满足人民精神需求。坚持以人为本,就要着力改善文化民生,坚持重心下移,把更多的资源向边远地区、贫困地区、革命老区和农村、社区倾斜,完善公共文化服务网络,实施好重点文化惠民工程,提升公共文化设施免费开放水平。坚持以人为本,就要不断完善文化产业政策,健全现代文化市场体系,优化文化产业布局,提高文化产业规模化、集约化、专业化水平,努力推出更好更多的文化产品,满足人民多样化文化需求。坚持以人为本,就要加强文化市场监管,规范市场秩序,推进诚信体系建设,为青少年健康成长、人民享有文化发展成果营造良好的社会环境。坚持以人为本,还要精简节庆活动,抵制豪华文艺晚会,反对浮华奢靡之风。豪华文艺晚会和高成本节庆活动浪费严重,既不是文化繁荣的标志,也不是群众想要的文化生活,助长奢靡之风,影响文化建设成效,必须坚决予以抵制。

紧紧围绕建设社会主义文化强国的战略目标，努力增强文化软实力。

文化是民族的血脉，是人民的精神家园。中华文化积淀着中华民族最深沉的精神追求，包含着中华民族最根本的精神基因，代表着中华民族独特的精神标识，是中华民族生生不息、发展壮大的丰厚滋养，是中华民族自强不息、团结奋进的重要精神支撑。当今时代，文化越来越成为提升经济社会发展水平的重要因素，文化软实力越来越成为综合国力的重要组成部分。这种软实力对内主要体现为民族的创造力、凝聚力，对外则主要表现为国家的竞争力和影响力。在许多情况下，文化也是硬实力，产生GDP。在硬实力中，起基础作用的是物质，起核心作用的则是文化。因此，必须深刻认识经济基础对上层建筑的决定作用和上层建筑对经济基础的反作用，既壮大硬实力，也增强软实力。

当前，我国文化整体实力和国际影响力与我国经济、政治上的影响力很不相称，与我国深厚的文化底蕴和文化资源大国身份很不相称，文化资源优势还没有转化为文化竞争优势。我国要在日趋激烈的综合国力竞争中赢得主动，就必须努力建设社会主义文化强国，不断增强文化软实力。要着眼于塑造和弘扬民族精神，培养文化自觉、文化自信，加大文化遗产保护力度，建设优秀传统文化传承体系，守护中华民族的精神家园，塑造民族魂，振奋民族精神，凝聚民族力量。坚持古为今用、洋为中用，继承创新优秀传统文化，吸收借鉴人类文明有益成果，努力创造中华文化的新辉煌。坚持公益性文化事业和经营性文化产业两轮驱动，坚持软件建设、硬件建设两手抓，努力提高文化产品质量，提升服务水平，培育文化品牌，丰富文化内涵，增强对外传播能力，拓展我们的文化优势，提高中华文化的整体实力。创新对外文化交流方式，加强海外中国文化中心建设，讲好中国故事，传播好中国声音，进一步展示和平、发展、文明、民主、改革、开放的当代中国形象。坚持政府交流与文化贸易并重、官方组织与民间参与并重，精心组织国家文化年、中国文化节、"欢乐春节"等重大活动和品牌项目。

加强队伍建设，牢牢掌握文化改革发展的领导权、管理权、话语权、主导权。

做好宣传思想文化工作，文化部门承担着十分重要的使命，必须守土有责、守土负责、守土尽责。文化工作要强起来，首先是领导干部要强起来、班子要强起来、队伍要强起来。推动社会主义文化大发展大繁荣，队伍是基础，人才是关键。必须把加强队伍建设作为推动文化改革发展的重要举措，努力建设一支有守有为、敢于担当的文化人才队伍，确保文化建设的领导权、管理权、话语权、主导权不丢失、不旁落。

要把加强队伍建设与正在开展的党的群众路线教育实践活动紧密结合起来，按照习近平同志对宣传思想文化部门干部队伍建设的要求培养、选拔和使用干部。坚持尊重劳动、尊重知识、尊重人才、尊重创造，深入实施人才兴文战略，以造就高层次领军人物和高素质文化艺术人才队伍为核心，努力培养造就德才兼备、锐意创新、结构合理、规模宏大的文化人才队伍。抓紧培养善于开拓文化新领域的拔尖创新人才、掌握现代传媒技术的专门人才、懂经营善管理的复合型人才、适应文化走出去需要的国际化人才。加强基层文化人才队伍建设，吸引优秀文化人才服务基层。建立人才激励机制，营造有利于人才成长的良好环境。推动建立国家文化荣誉制度，对文化领域做出突出贡献的文化工作者予以表彰。与文化界人士建立良好的沟通联系，团结一切可以团结的文化工作者，调动一切积极因素，释放一切正能量，让文化创造的源泉充分涌流，形成大团结、大发展、大繁荣的良好局面。

参 考 文 献

[1] 罗长海.企业文化学[M].北京:中国人民大学出版社,2006.
[2] 张德,潘文军.企业文化[M].北京:清华大学出版社,2007.
[3] 刘光明.企业文化[M].北京:经济管理出版社,1999.
[4] 张德,刘冀生.中国企业文化——现状与未来[M].北京:中国商业出版社,1991.
[5] 魏杰.企业文化塑造[M].北京:中国发展出版社,2002.
[6] 张云初,王清,陈静.让企业文化起来[M].北京:海天出版社,2003.
[7] 刘大星.共同愿景[M].北京:北京大学出版社,2004.
[8] 温德诚.精细化管理[M].北京:新华出版社,2005.
[9] 林泽炎.转型中国企业人力资源管理[M].北京:中国劳动和社会保障出版社,2004.
[10] 刘理辉.组织文化度量模型的构建与应用研究[D].北京:清华大学博士学位论文,2005.
[11] 埃德加·H·沙因.企业文化与领导[M].北京:中国友谊出版公司,1998.
[12] 埃德加·H·沙因.企业文化生存指南[M].北京:机械工业出版社,2004.
[13] 彼得·德鲁克.创新和企业家精神[M].北京:企业管理出版社,1989.
[14] 威廉·大内.Z理论——美国企业界怎样迎接日本的挑战[M].北京:社会科学出版社,1984.
[15] Peters T,Waterman R H.追求卓越[M].北京:中央编译出版社,2003.
[16] 加里·胡佛.愿景[M].北京:中信出版社,2003.
[17] 李宗琦.交通企业文化[M].北京:人民交通出版社,2008.
[18] 苗莉.企业战略管理[M].北京:北京交通大学出版社,2010.
[19] 华锐.中国交通企业文化研究[M].北京:企业管理出版社,2005.